北大版新HSK应试辅导丛书

■ 听力材料
■ 答案
■ 题解

Papers with Solutions

SAMPLE TEST FOR 走进
NEW HSK

新 汉语水平考试
全真模拟试题及题解

沈灿淑　夏小芸　王建强　刘影　编著

北京大学出版社
PEKING UNIVERSITY PRESS

目　录

HSK(一级)全真模拟试题(第1套)听力材料 …………………………………… 1

HSK(一级)全真模拟试题(第2套)听力材料 …………………………………… 5

HSK(一级)全真模拟试题(第3套)听力材料 …………………………………… 9

HSK(一级)全真模拟试题(第4套)听力材料 …………………………………… 13

HSK(一级)全真模拟试题(第5套)听力材料 …………………………………… 17

HSK(一级)全真模拟试题(第6套)听力材料 …………………………………… 21

HSK(一级)全真模拟试题(第7套)听力材料 …………………………………… 25

HSK(一级)全真模拟试题(第8套)听力材料 …………………………………… 29

HSK(一级)全真模拟试题(第9套)听力材料 …………………………………… 33

HSK(一级)全真模拟试题(第10套)听力材料 ………………………………… 37

HSK(一级)全真模拟试题(第1套)答案 ………………………………………… 41

HSK(一级)全真模拟试题(第2套)答案 ………………………………………… 42

HSK(一级)全真模拟试题(第3套)答案 ………………………………………… 43

HSK(一级)全真模拟试题(第4套)答案 ………………………………………… 44

HSK(一级)全真模拟试题(第5套)答案 ………………………………………… 45

HSK(一级)全真模拟试题(第6套)答案 …………………………………………… 46

HSK(一级)全真模拟试题(第7套)答案 …………………………………………… 47

HSK(一级)全真模拟试题(第8套)答案 …………………………………………… 48

HSK(一级)全真模拟试题(第9套)答案 …………………………………………… 49

HSK(一级)全真模拟试题(第10套)答案 ………………………………………… 50

HSK(一级)全真模拟试题(第1套)题解 …………………………………………… 51

HSK(一级)全真模拟试题(第2套)题解 …………………………………………… 57

HSK(一级)全真模拟试题(第3套)题解 …………………………………………… 63

HSK(一级)全真模拟试题(第4套)题解 …………………………………………… 69

HSK(一级)全真模拟试题(第5套)题解 …………………………………………… 75

HSK(一级)全真模拟试题(第6套)题解 …………………………………………… 81

HSK(一级)全真模拟试题(第7套)题解 …………………………………………… 87

HSK(一级)全真模拟试题(第8套)题解 …………………………………………… 93

HSK(一级)全真模拟试题(第9套)题解 …………………………………………… 99

HSK(一级)全真模拟试题(第10套)题解 ………………………………………… 105

HSK（一级）全真模拟试题（第1套）听力材料

（音乐，30秒，渐弱）

Dàjiā hǎo! Huānyíng cānjiā　　　yījí　　kǎoshì.
大家 好！ 欢迎 参加 HSK（一级） 考试。

Dàjiā hǎo! Huānyíng cānjiā　　　yījí　　kǎoshì.
大家 好！ 欢迎 参加 HSK（一级） 考试。

Dàjiā hǎo! Huānyíng cānjiā　　　yījí　　kǎoshì.
大家 好！ 欢迎 参加 HSK（一级） 考试。

　　　　　yījí　　tīnglì kǎoshì fēn sì bùfen, gòng　　tí.
HSK（一级）听力 考试 分 四 部分， 共 20 题。

Qǐng dàjiā zhùyì, tīnglì kǎoshì xiànzài kāishǐ.
请 大家 注意，听力 考试 现在 开始。

　　　　　Dì-yī bùfen
第一 部分

Yígòng　ge tí, měi tí tīng liǎng cì.
一共 5 个 题，每 题 听 两 次。

Lìrú: hěn gāoxìng
例如：很 高兴

　　　kàn diànyǐng
　　　看 电影

Xiànzài kāishǐ dì　tí：
现在 开始 第 1 题：

　　kàn diànshì
1. 看 电视

　　dú
2. 读

　　shuǐguǒ
3. 水果

　　shuì jiào
4. 睡 觉

— 1 —

nǐ hǎo
5. 你 好

Dì-èr bùfen
第二 部分

Yígòng ge tí, měi tí tīng liǎng cì.
一共 5 个题，每题听 两 次。

Lìrú: Zhè shì wǒ de shū.
例如：这 是 我 的 书。

Xiànzài kāishǐ dì tí:
现在 开始 第 6 题：

Tā de māma shì yīshēng.
6. 他 的 妈妈 是 医生。

Tā zài dǎ diànhuà.
7. 他 在 打 电话。

Zhè ge bēizi hěn piàoliang.
8. 这 个 杯子 很 漂亮。

Tā suì le.
9. 他 22 岁 了。

Lǐ xiānsheng, qǐng hē chá.
10. 李 先生， 请 喝 茶。

Dì-sān bùfen
第三 部分

Yígòng ge tí, měi tí tīng liǎng cì.
一共 5 个题，每题听 两 次。

Lìrú: Nǐ hǎo!
例如：女：你 好！

Nǐ hǎo! Hěn gāoxìng rènshi nǐ.
男：你 好！ 很 高兴 认识 你。

Xiànzài kāishǐ dì　　tí:
现在 开始 第 11 题：

　　　　Nǐ kànjiàn wǒ de Hànyǔshū le ma?
11. 男：你 看见 我 的 汉语书 了 吗？
　　　　Nǐ de shū zài zhuōzi shang.
　　女：你 的 书 在 桌子 上。

　　　　Nǐ xiǎng zěnme qù Běijīng?
12. 女：你 想 怎么 去 北京？
　　　　Wǒ zuò fēijī qù.
　　男：我 坐 飞机 去。

　　　　Nǐ zuótiān qù xuéxiào le ma?
13. 男：你 昨天 去 学校 了 吗？
　　　　Méi qù, wǒ qù shāngdiàn mǎile xiē dōngxi.
　　女：没去，我 去 商店 买了 些 东西。

　　　　Jīntiān tiānqì zěnmeyàng?
14. 女：今天 天气 怎么样？
　　　　Bú tài hǎo, xià yǔ le.
　　男：不 太 好，下 雨 了。

　　　　Nà shì Wáng xiǎojiě de péngyou, tā shì yí ge lǎoshī.
15. 男：那 是 王 小姐 的 朋友，她 是 一 个 老师。
　　　　Shì ma? Tā hěn piàoliang.
　　女：是 吗？她 很 漂亮。

Dì-sì bùfen
第四 部分

Yígòng　　ge tí, měi tí tīng liǎng cì.
一共 5 个 题，每 题 听 两 次。

　　　　Lìrú: Xiàwǔ wǒ qù shāngdiàn, wǒ xiǎng mǎi yìxiē shuǐguǒ.
例如：下午 我 去 商店， 我 想 买 一些 水果。
　　　　Tā xiàwǔ qù nǎli?
　　问：她 下午 去 哪里？

Xiànzài kāishǐ dì　　tí:
现在 开始 第 16 题：

　　　　Wǒ bù xiǎng zài jiā chī fàn, wǒmen qù fànguǎnr chī, hǎo ma?
16. 我 不 想 在 家 吃 饭，我们 去 饭馆儿 吃， 好 吗？

　　　　　Tā xiǎng qù nǎr chī fàn?
　　问：他 想 去 哪儿 吃 饭？

　　　　Jiāli méiyǒu píngguǒ le, wǒ xiǎng qù shāngdiàn mǎi yìxiē.
17. 家里 没有 苹果 了，我 想 去 商店 买 一些。
　　　　　Jiāli méiyǒu shénme?
　　问：家里 没有 什么？

　　　　Jīntiān xīngqīwǔ, xiàwǔ wǒmen qù kàn diànyǐng.
18. 今天 星期五，下午 我们 去 看 电影。
　　　　　Tāmen shénme shíhou qù kàn diànyǐng?
　　问：他们 什么 时候 去 看 电影？

　　　　Wǒ míngtiān xiǎng zuò chūzūchē qù huǒchēzhàn.
19. 我 明天 想 坐 出租车 去 火车站。
　　　　　Tā míngtiān zuò shénme qù huǒchēzhàn?
　　问：他 明天 坐 什么 去 火车站？

　　　　Wǒ bàba shì yīshēng, māma shì lǎoshī.
20. 我 爸爸 是 医生，妈妈 是 老师。
　　　　　Shéi shì lǎoshī?
　　问：谁 是 老师？

Tīnglì kǎoshì xiànzài jiéshù.
听力 考试 现在 结束。

HSK（一级）全真模拟试题（第2套）听力材料

（音乐，30秒，渐弱）

Dàjiā hǎo! Huānyíng cānjiā　　　yījí　kǎoshì.
大家 好！ 欢迎 参加 HSK（一级）考试。

Dàjiā hǎo! Huānyíng cānjiā　　　yījí　kǎoshì.
大家 好！ 欢迎 参加 HSK（一级）考试。

Dàjiā hǎo! Huānyíng cānjiā　　　yījí　kǎoshì.
大家 好！ 欢迎 参加 HSK（一级）考试。

　　　　　　yījí　tīnglì kǎoshì fēn sì bùfen, gòng　　tí.
HSK（一级）听力 考试 分 四 部分， 共 20 题。

Qǐng dàjiā zhùyì, tīnglì kǎoshì xiànzài kāishǐ.
请 大家 注意， 听力 考试 现在 开始。

　　　　　　Dì-yī bùfen
第一 部分

Yígòng　　ge tí, měi tí tīng liǎng cì.
一共 5 个 题，每 题 听 两 次。

Lìrú：hěn gāoxìng
例如：很 高兴

　　　kàn diànyǐng
　　　看 电影

Xiànzài kāishǐ dì　　tí：
现在 开始 第 1 题：

　　xiě zì
1. 写 字

　　diànnǎo
2. 电脑

　　xuésheng
3. 学生

　　chī píngguǒ
4. 吃 苹果

zuò cài
5. 做菜

Dì-èr bùfen
第二 部分

Yígòng ge tí, měi tí tīng liǎng cì.
一共 5 个题, 每题 听 两 次。

Lìrú: Zhè shì wǒ de shū.
例如: 这 是 我 的 书。

Xiànzài kāishǐ dì tí:
现在 开始 第 6 题:

Wǒ de érzi huì shuōhuà le.
6. 我 的 儿子 会 说话 了。

Tā zài nǚpéngyou hòumian.
7. 他 在 女朋友 后面。

Wǒ jiā de xiǎo māo hěn xǐhuan shuì jiào.
8. 我 家 的 小 猫 很 喜欢 睡 觉。

Zuótiān tiānqì hěn rè.
9. 昨天 天气 很 热。

Wèi, nǐ jīntiān huí jiā chī fàn ma?
10. 喂, 你 今天 回 家 吃 饭 吗?

Dì-sān bùfen
第三 部分

Yígòng ge tí, měi tí tīng liǎng cì.
一共 5 个题, 每题 听 两 次。

Lìrú: Nǐ hǎo!
例如:女: 你 好!

Nǐ hǎo! Hěn gāoxìng rènshi nǐ.
男: 你 好! 很 高兴 认识 你。

Xiànzài kāishǐ dì　　　tí：
现在　开始　第 11 题：

　　　　　Nǐ　xiǎng　qù　nǎr　mǎi　yīfu?
11. 男：你　想　去　哪儿　买　衣服？

　　　　　Xuéxiào qiánmian yǒu yì jiā shāngdiàn, wǒ xiǎng qù nàr.
　　女：学校　前面　有 一 家　商店，我　想　去 那儿。

　　　　　Nǐ　xǐhuan hē shénme?
12. 女：你 喜欢　喝　什么？

　　　　　Wǒ xǐhuan hē zhōngguóchá.
　　男：我 喜欢　喝　中国茶。

　　　　　Zhāng xiānsheng zài nǎr gōngzuò?
13. 男：张　　先生　在 哪儿　工作？

　　　　　Tā zài yīyuàn gōngzuò, shì yīshēng.
　　女：他 在 医院　工作，是　医生。

　　　　　Zhè shì wǒ de érzi hé nǚ'ér.
14. 女：这 是 我 的 儿子 和 女儿。

　　　　　Tāmen hěn piàoliang.
　　男：他们　很　漂亮。

　　　　　Māma, jiāli yǒu píngguǒ ma? Wǒ xiǎng chī píngguǒ le.
15. 男：妈妈，家里　有　苹果　吗？我　想　吃　苹果　了。

　　　　　Píngguǒ zài zhuōzi shang.
　　女：苹果　在　桌子　上。

　　　　　　　　　Dì-sì　bùfen
　　　　　　　　第四　部分

Yígòng　　ge tí, měi tí tīng liǎng cì.
一共 5 个 题，每 题 听　两　次。

Lìrú: Xiàwǔ wǒ qù shāngdiàn, wǒ xiǎng mǎi yìxiē shuǐguǒ.
例如：下午 我 去　商店，我　想　买　一些　水果。

　　　　　Tā xiàwǔ qù nǎlǐ?
　　问：她 下午 去 哪里？

Xiànzài kāishǐ dì　　　tí：
现在　开始　第 16 题：

　　　　Wǒ shì jīnnián　yuè　rì lái Zhōngguó de, wǒ hěn xǐhuan Zhōngguó.
16. 我 是 今年 6 月 23 日 来　中国　的，我 很 喜欢　中国。

　　　　　　Tā shì shénme shíhou lái Zhōngguó de?
　　　问：他 是 什么 时候 来 中国 的？

　　　　　Wǒ xiàwǔ hé māma qù kàn diànyǐng.
17. 我 下午 和 妈妈 去 看 电影。

　　　　　　Tā hé shéi qù kàn diànyǐng?
　　　问：他 和 谁 去 看 电影？

　　　　　Wǒ rènshi tā, tā shì wǒmen xuéxiào de Hànyǔ lǎoshī.
18. 我 认识 他，他 是 我们 学校 的 汉语 老师。

　　　　　　Tā zài nǎr gōngzuò?
　　　问：他 在 哪儿 工作？

　　　　　Sì ge bēizi tài shǎo le, wǒ xiǎng mǎi bā ge.
19. 四 个 杯子 太 少 了，我 想 买 八 个。

　　　　　　Tā xiǎng mǎi jǐ ge bēizi?
　　　问：他 想 买 几 个 杯子？

　　　　　Zhè ge yīfu tài dà le, wǒ xiǎng mǎi xiǎo diǎnr de.
20. 这 个 衣服 太 大 了，我 想 买 小 点儿 的。

　　　　　　Zhè ge yīfu zěnmeyàng?
　　　问：这 个 衣服 怎么样？

Tīnglì kǎoshì xiànzài jiéshù.
听力 考试 现在 结束。

HSK（一级）全真模拟试题（第3套）听力材料

（音乐，30秒，渐弱）

Dàjiā hǎo! Huānyíng cānjiā　　　　　yījí　kǎoshì.
大家　好！　欢迎　　参加　HSK（一级）考试。
Dàjiā hǎo! Huānyíng cānjiā　　　　　yījí　kǎoshì.
大家　好！　欢迎　　参加　HSK（一级）考试。
Dàjiā hǎo! Huānyíng cānjiā　　　　　yījí　kǎoshì.
大家　好！　欢迎　　参加　HSK（一级）考试。

　　　　　yījí　　tīnglì kǎoshì fēn sì bùfen, gòng　　　tí.
HSK（一级）听力　考试　分　四　部分，共　20　题。
Qǐng dàjiā zhùyì, tīnglì kǎoshì xiànzài kāishǐ.
请　大家　注意，听力　考试　现在　开始。

　　　　　　　　　Dì-yī　bùfen
第一　部分

Yígòng　ge tí, měi tí tīng liǎng cì.
一共　5　个题，每题　听　两次。

Lìrú: hěn gāoxìng
例如：很　高兴

　　　kàn diànyǐng
　　　看　电影

Xiànzài kāishǐ dì　　　tí:
现在　开始　第　1　题：

　　gǒu
1. 狗

　　hē
2. 喝

　　shuō huà
3. 说　话

　　dǎ diànhuà
4. 打　电话

5. 学习 (xuéxí)

第二部分 (Dì-èr bùfen)

一共 5 个题，每题听 两 次。(Yígòng ge tí, měi tí tīng liǎng cì.)

例如：这 是 我 的 书。(Lìrú: Zhè shì wǒ de shū.)

现在 开始 第 6 题：(Xiànzài kāishǐ dì tí:)

6. 他们 都 是 王 老师 的 学生。(Tāmen dōu shì Wáng lǎoshī de xuésheng.)
7. 很 多 水果 我 都 爱 吃。(Hěn duō shuǐguǒ wǒ dōu ài chī.)
8. 这儿 怎么 一 个 人 都 没有？(Zhèr zěnme yí ge rén dōu méiyǒu?)
9. 现在 十 点 十二 分。(Xiànzài shí diǎn shí'èr fēn.)
10. 她 是 坐 飞机 来 北京 的。(Tā shì zuò fēijī lái Běijīng de.)

第三部分 (Dì-sān bùfen)

一共 5 个题，每题听 两 次。(Yígòng ge tí, měi tí tīng liǎng cì.)

例如：女：你 好！(Lìrú: Nǐ hǎo!)

男：你 好！很 高兴 认识 你。(Nǐ hǎo! Hěn gāoxìng rènshi nǐ.)

Xiànzài kāishǐ dì tí:
现在 开始 第 11 题：

11. 男： Wèi, nǐ qù nǎr le?
喂，你去哪儿了？

女： Wǒ qù mǎi yīfu le, nǐ zhōngwǔ lái wǒ jiā chī fàn ma?
我去买衣服了，你中午来我家吃饭吗？

12. 女： Tā shì nǐ de péngyou ma?
她是你的朋友吗？

男： Shì de, tā zài fànguǎnr gōngzuò.
是的，她在饭馆儿工作。

13. 男： Zhuōzi shang de diànnǎo shì nǐ de ma?
桌子上的电脑是你的吗？

女： Bú shì, nà shì Wáng yīshēng de.
不是，那是王医生的。

14. 女： Nǐ zài Zhōngguó zhùle jǐ nián le?
你在中国住了几年了？

男： Zhùle bā nián, wǒ hěn xǐhuan Zhōngguó.
住了八年，我很喜欢中国。

15. 男： Wǒ xiǎng qù mǎi píngguǒ, nǐ qù ma?
我想去买苹果，你去吗？

女： Wǒ bú qù, wǒ xiǎng zài jiā kàn diànshì.
我不去，我想在家看电视。

Dì-sì bùfen
第四 部分

Yígòng ge tí, měi tí tīng liǎng cì.
一共 5 个题，每题听两次。

Lìrú: Xiàwǔ wǒ qù shāngdiàn, wǒ xiǎng mǎi yìxiē shuǐguǒ.
例如：下午我去商店，我想买一些水果。

Tā xiàwǔ qù nǎli?
问：她下午去哪里？

Xiànzài kāishǐ dì 16 tí:
现在 开始 第 16 题：

16. Míngtiān shì xīngqīliù, wǒ hé bàba qù kàn diànyǐng.
　　明天 是 星期六，我 和 爸爸 去 看 电影。
　　Jīntiān xīngqī jǐ?
　　问：今天 星期 几？

17. Nǐ kànjiàn le ma? Zhāng xiǎojiě zuò zài yǐzi shang hē chá ne!
　　你 看见 了 吗？张 小姐 坐 在 椅子 上 喝 茶 呢！
　　Zhāng xiǎojiě zài zuò shénme?
　　问：张 小姐 在 做 什么？

18. Wǒ bù xiǎng qù fànguǎnr, wǒ huì zuò fàn, wǒmen zài jiā chī fàn, hǎo ma?
　　我 不 想 去 饭馆儿，我 会 做 饭，我们 在 家 吃 饭，好 吗？
　　Tā xiǎng zài nǎr chī fàn?
　　问：他 想 在 哪儿 吃 饭？

19. Tā shì wǒ de tóngxué, xià ge yuè shísān rì tā èrshísì suì.
　　他 是 我 的 同学，下 个 月 十三 日 他 二十四 岁。
　　Tā de tóngxué xiànzài duō dà le?
　　问：他 的 同学 现在 多 大 了？

20. Wǒ jiā de xiǎo māo xǐhuan chī mǐfàn, bù xǐhuan chī cài hé shuǐguǒ.
　　我 家 的 小 猫 喜欢 吃 米饭，不 喜欢 吃 菜 和 水果。
　　Xiǎo māo xǐhuan chī shénme?
　　问：小 猫 喜欢 吃 什么？

Tīnglì kǎoshì xiànzài jiéshù.
听力 考试 现在 结束。

HSK（一级）全真模拟试题（第4套）听力材料

（音乐，30秒，渐弱）

Dàjiā hǎo! Huānyíng cānjiā　　　yījí　kǎoshì.
大家　好！　欢迎　　参加　HSK（一级）考试。

Dàjiā hǎo! Huānyíng cānjiā　　　yījí　kǎoshì.
大家　好！　欢迎　　参加　HSK（一级）考试。

Dàjiā hǎo! Huānyíng cānjiā　　　yījí　kǎoshì.
大家　好！　欢迎　　参加　HSK（一级）考试。

　　　　yījí　tīnglì kǎoshì fēn sì bùfen, gòng　　tí.
HSK（一级）听力　考试　分　四　部分，共　20　题。

Qǐng dàjiā zhùyì, tīnglì kǎoshì xiànzài kāishǐ.
请　大家　注意，听力　考试　现在　　开始。

Dì-yī bùfen
第一　部分

Yígòng　　ge tí, měi tí tīng liǎng cì.
一共　5　个题，每题　听　两　次。

Lìrú: hěn gāoxìng
例如：很　高兴

　　　kàn diànyǐng
　　　看　电影

Xiànzài kāishǐ dì　　tí:
现在　开始　第　1　题：

　　gōngzuò
1. 工作

　　xià yǔ
2. 下　雨

　　diànshì
3. 电视

　　shí diǎn
4. 十　点

　　　　chūzūchē
5. 出租车

　　　　　　　　　Dì-èr　bùfen
　　　　　　　第二　部分

　Yígòng　ge tí, měi tí tīng liǎng cì.
　一共 5 个题，每题听 两 次。

　　　Lìrú：Zhè shì wǒ de shū.
　　　例如：这 是 我 的 书。

　Xiànzài kāishǐ dì　　tí：
　现在 开始 第 6 题：

　　　　Zhōngwǔ wǒ xiǎng zài jiā shuì jiào.
　6.　中午 我 想 在家 睡 觉。
　　　　Wǒ érzi　　suì le, zài Běijīng dú shū.
　7. 我 儿子22岁 了，在 北京 读 书。
　　　　Zhèr de shū tài shǎo le.
　8. 这儿 的 书 太 少 了。
　　　　Yǐzi shang de yīfu shì bàba de.
　9. 椅子 上 的 衣服 是 爸爸 的。
　　　　Zhè ge cài hěn hǎo, nǐ chī ma?
　10. 这个 菜 很 好，你 吃 吗？

　　　　　　　　　Dì-sān bùfen
　　　　　　　第三 部分

　Yígòng　ge tí, měi tí tīng liǎng cì.
　一共 5 个题，每题听 两 次。

　　　Lìrú：　Nǐ hǎo!
　例如：女：你 好！
　　　　　Nǐ hǎo! Hěn gāoxìng rènshi nǐ.
　　　男：你 好！很 高兴 认识 你。

Xiànzài kāishǐ dì　　 tí:
现在 开始 第 11 题：

11. 男： Nǐ zuótiān shàngwǔ zuò shénme le?
　　　 你 昨天 上午 做 什么 了？
　　女： Wǒ hé xiǎo gǒu qù mǎi dōngxi le.
　　　 我 和 小 狗 去 买 东西 了。

12. 女： Zhuōzi shang shénme dōu méiyǒu.
　　　 桌子 上 什么 都 没有。
　　男： Shì ma? Nà wǒ de shū ne?
　　　 是 吗？那 我 的 书 呢？

13. 男： Nǐ xiǎng hē shuǐ ma?
　　　 你 想 喝 水 吗？
　　女： Hǎo de, wǒ hē yì bēi, xièxie.
　　　 好 的，我 喝 一 杯，谢谢。

14. 女： Nǐ kàn, zhè jiàn yīfu zěnmeyàng?
　　　 你 看，这 件 衣服 怎么样？
　　男： Hěn piàoliang.
　　　 很 漂亮。

15. 男： Wǒmen mǎi diǎnr shénme shuǐguǒ ne?
　　　 我们 买 点儿 什么 水果 呢？
　　女： Mǎi diǎnr píngguǒ ba, wǒ xǐhuan chī píngguǒ.
　　　 买 点儿 苹果 吧，我 喜欢 吃 苹果。

Dì-sì　 bùfen
第四 部分

Yígòng　　 ge tí, měi tí tīng liǎng cì.
一共 5 个 题，每 题 听 两 次。

Lìrú: Xiàwǔ wǒ qù shāngdiàn, wǒ xiǎng mǎi yìxiē shuǐguǒ.
例如：下午 我 去 商店， 我 想 买 一些 水果。
　　　Tā xiàwǔ qù nǎli?
问： 她 下午 去 哪里？

Xiànzài kāishǐ dì　　 tí:
现在 开始 第 16 题：

16. Wǒ zài Zhōngguó xuéxí Hànyǔ, wǒ yǒu shíbā ge tóngxué, tāmen dōu hěn hǎo.
　　 我 在 中国 学习 汉语，我 有 十八 个 同学，他们 都 很 好。

　　　　　　Tā de tóngxué zěnmeyàng?
　　问：他 的 同学 怎么样？

Māma, wǒ qù xuéxiào kàn shū, bù huí jiā chī fàn le, zàijiàn.
17. 妈妈，我 去 学校 看 书，不 回 家 吃 饭 了，再见。

　　　　　　Tā xiǎng zuò shénme?
　　问：他 想 做 什么？

Wǒ zài Běijīng zhù sān tiān, xià xīngqīyī huílai.
18. 我 在 北京 住 三 天，下 星期一 回来。

　　　　　　Tā shénme shíhou huílai?
　　问：他 什么 时候 回来？

Zhè běn shū èrshíliù kuài qián.
19. 这 本 书 二十六 块 钱。

　　　　　　Zhè běn shū duōshao qián?
　　问：这 本 书 多少 钱？

Wèi, nǐ jǐ diǎn lái huǒchēzhàn? Wǒmen zuò de shì bā diǎn líng wǔ fēn
20. 喂，你 几 点 来 火车站？我们 坐 的 是 八 点 零 五 分
de huǒchē.
的 火车。

　　　　　　Tā men zuò de huǒchē jǐ diǎn kāi?
　　问：他们 坐 的 火车 几 点 开？

Tīnglì kǎoshì xiànzài jiéshù.
听力 考试 现在 结束。

HSK（一级）全真模拟试题（第5套）听力材料

（音乐，30秒，渐弱）

Dàjiā hǎo! Huānyíng cānjiā　　　　yījí　kǎoshì.
大家　好！　欢迎　参加　HSK（一级）考试。

Dàjiā hǎo! Huānyíng cānjiā　　　　yījí　kǎoshì.
大家　好！　欢迎　参加　HSK（一级）考试。

Dàjiā hǎo! Huānyíng cānjiā　　　　yījí　kǎoshì.
大家　好！　欢迎　参加　HSK（一级）考试。

　　　　yījí　tīnglì kǎoshì fēn sì bùfen, gòng　　tí.
HSK（一级）听力　考试　分　四　部分，共　20　题。

Qǐng dàjiā zhùyì, tīnglì kǎoshì xiànzài kāishǐ.
请　大家　注意，听力　考试　现在　开始。

Dì-yī bùfen
第一 部分

Yígòng　ge tí, měi tí tīng liǎng cì.
一共　5 个 题，每 题 听　两　次。

Lìrú: hěn gāoxìng
例如：很　高兴

　　kàn diànyǐng
　　看　电影

Xiànzài kāishǐ dì　　tí：
现在　开始　第　1　题：

　yīfu
1. 衣服

　yǐzi
2. 椅子

　zuò fēijī
3. 坐 飞机

　hěn lěng
4. 很　冷

chī
5. 吃

Dì-èr bùfen
第二 部分

Yígòng ge tí, měi tí tīng liǎng cì.
一共 5 个 题，每 题 听 两 次。

Lìrú： Zhè shì wǒ de shū.
例如：这 是 我 的 书。

Xiànzài kāishǐ dì tí：
现在 开始 第 6 题：

Xiànzài wǔ diǎn shíwǔ fēn.
6. 现在 五 点 十 五 分。

Tā zài chūzūchē shang.
7. 她 在 出租车 上。

Tā nǚ'ér shì dàxuéshēng.
8. 他 女儿 是 大学生。

Xiǎo māo hěn piàoliang.
9. 小 猫 很 漂亮。

Wèi, nǐ zài jiā ma?
10. 喂，你 在 家 吗？

Dì-sān bùfen
第三 部分

Yígòng ge tí, měi tí tīng liǎng cì.
一共 5 个 题，每 题 听 两 次。

Lìrú： Nǐ hǎo!
例如:女： 你 好！

Nǐ hǎo! Hěn gāoxìng rènshi nǐ.
男： 你 好！很 高兴 认识 你。

Xiànzài kāishǐ dì　　tí:
现在 开始 第 11 题:

11. 男:
　　　Nà ge rén shì shéi?
　　　那 个 人 是 谁?

　　女:
　　　Shì wǒ māma tóngxué de nǚ'ér.
　　　是 我 妈妈 同学 的 女儿。

12. 女:
　　　Nǐ zuótiān shì bu shì qù kàn diànyǐng le?
　　　你 昨天 是 不 是 去 看 电影 了?

　　男:
　　　Wǒ méi qù, wǒ zài jiā kàn shū le.
　　　我 没 去,我 在 家 看 书 了。

13. 男:
　　　Zhèxiē cài zěnmeyàng?
　　　这些 菜 怎么样?

　　女:
　　　Nín zuò de cài tài hǎochī le!
　　　您 做 的 菜 太 好吃 了!

14. 女:
　　　Běijīng yīyuàn zài nǎr?
　　　北京 医院 在 哪儿?

　　男:
　　　Zài nà ge fànguǎnr de hòumian.
　　　在 那 个 饭馆儿 的 后面。

15. 男:
　　　Zhèxiē qián shì nǐ de ma?
　　　这些 钱 是 你 的 吗?

　　女:
　　　Wǒ kànkan, bú shì de.
　　　我 看看,不 是 的。

Dì-sì　bùfen
第四 部分

Yígòng　　ge tí, měi tí tīng liǎng cì.
一共 5 个 题,每 题 听 两 次。

Lìrú: Xiàwǔ wǒ qù shāngdiàn, wǒ xiǎng mǎi yìxiē shuǐguǒ.
例如:下午 我 去 商店,我 想 买 一些 水果。

　　　Tā xiàwǔ qù nǎli?
　问:她 下午 去 哪里?

Xiànzài kāishǐ dì　　tí:
现在 开始 第 16 题:

16.
Wǒ bàba xià xīngqī qù Běijīng.
我 爸爸 下 星期 去 北京。

　　　　　　Tā bàba shénme shíhou qù Běijīng?
　　　　问：他爸爸 什么 时候 去 北京？

　　　　　　Xià yǔ le, wǒ xiǎng zuò chūzūchē qù yīyuàn.
17. 下 雨 了，我 想 坐 出租车 去 医院。

　　　　　　Tāmen zěnme qù yīyuàn?
　　　　问：他们 怎么 去 医院？

　　　　　　Tiānqì tài lěng, duō chuān xiē yīfu.
18. 天气 太 冷，多 穿 些 衣服。

　　　　　　Jīntiān tiānqì zěnmeyàng?
　　　　问：今天 天气 怎么样？

　　　　　　Wǒ de xiǎo māo jīnnián qī suì le.
19. 我 的 小 猫 今年 七 岁 了。

　　　　　　Xiǎo māo jǐ suì?
　　　　问：小 猫 几 岁？

　　　　　　Wǒ bù xiǎng kàn diànyǐng, wǒ xiǎng kàn diànshì.
20. 我 不 想 看 电影，我 想 看 电视。

　　　　　　Tā xiǎng kàn shénme?
　　　　问：他 想 看 什么？

　　Tīnglì kǎoshì xiànzài jiéshù.
　听力 考试 现在 结束。

HSK（一级）全真模拟试题（第6套）听力材料

（音乐，30秒，渐弱）

Dàjiā hǎo! Huānyíng cānjiā　　　　yījí　　kǎoshì.
大家 好！ 欢迎 参加 HSK （一级） 考试。
Dàjiā hǎo! Huānyíng cānjiā　　　　yījí　　kǎoshì.
大家 好！ 欢迎 参加 HSK （一级） 考试。
Dàjiā hǎo! Huānyíng cānjiā　　　　yījí　　kǎoshì.
大家 好！ 欢迎 参加 HSK （一级） 考试。

　　　　yījí　　tīnglì kǎoshì fēn sì bùfen, gòng　　tí.
HSK （一级） 听力 考试 分 四 部分， 共 20 题。
Qǐng dàjiā zhùyì, tīnglì kǎoshì xiànzài kāishǐ.
请 大家 注意， 听力 考试 现在 开始。

Dì-yī bùfen
第一 部分

Yígòng　　ge tí, měi tí tīng liǎng cì.
一共 5 个 题， 每 题 听 两 次。

Lìrú: hěn gāoxìng
例如：很 高兴
　　　kàn diànyǐng
　　　看 电影

Xiànzài kāishǐ dì　　tí:
现在 开始 第 1 题：

　　diànhuà
1. 电话
　　yīshēng
2. 医生
　　mǎi shuǐguǒ
3. 买 水果
　　zuò fàn
4. 做 饭

     qǐng zuò
5. 请 坐

Dì-èr bùfen
第二 部分

Yígòng ge tí, měi tí tīng liǎng cì.
一共 5 个 题，每 题 听 两 次。

Lìrú： Zhè shì wǒ de shū.
例如：这 是 我 的 书。

Xiànzài kāishǐ dì tí：
现在 开始 第 6 题：

    Wǒ huì zuò fàn.
6. 我 会 做 饭。

    Xīngqīliù wǒ gōngzuò.
7. 星期六 我 工作。

    Tā zài dǎ diànhuà ne.
8. 她 在 打 电话 呢。

    Wǒmen zhōngwǔ qù nà ge fànguǎnr le.
9. 我们 中午 去 那 个 饭馆儿 了。

    Bēizi qiánmian yǒu yì běn shū.
10. 杯子 前面 有 一 本 书。

Dì-sān bùfen
第三 部分

Yígòng ge tí, měi tí tīng liǎng cì.
一共 5 个 题，每 题 听 两 次。

Lìrú： Nǐ hǎo!
例如:女： 你 好！

    Nǐ hǎo! Hěn gāoxìng rènshi nǐ.
   男： 你 好！ 很 高兴 认识 你。

Xiànzài kāishǐ dì tí:
现在 开始 第 11 题：

11. 男： Nà ge rén shì shéi?
那 个 人 是 谁？
女： Tā shì wǒ de lǎoshī.
他 是 我 的 老师。

12. 女： Nǐ shì zuò shénme lái Běijīng de?
你 是 坐 什么 来 北京 的？
男： Shì zuò fēijī lái de.
是 坐 飞机 来 的。

13. 男： Zhè ge bēizi shì nǐ de ma?
这 个 杯子 是 你 的 吗？
女： Shì wǒ de, xièxie.
是 我 的，谢谢。

14. 女： Nǐ jīnnián duō dà?
你 今年 多 大？
男： Wǒ jīnnián 25 suì.
我 今年 25 岁。

15. 男： Zhè ge diànyǐng zěnmeyàng?
这 个 电影 怎么样？
女： Tài hǎokàn le!
太 好看 了！

Dì-sì bùfen
第四 部分

Yígòng 5 ge tí, měi tí tīng liǎng cì.
一共 5 个 题，每 题 听 两 次。

Lìrú: Xiàwǔ wǒ qù shāngdiàn, wǒ xiǎng mǎi yìxiē shuǐguǒ.
例如：下午 我 去 商店，我 想 买 一些 水果。
问： Tā xiàwǔ qù nǎli?
她 下午 去 哪里？

Xiànzài kāishǐ dì tí:
现在 开始 第 16 题：

16. Jīntiān shì qīyuè shísì sì, xīngqīyī.
今天 是 七月 十四 日，星期一。

　　　　　Jīntiān shì jǐ hào?
　　问：今天 是 几 号？

17. *Zhè ge shāngdiàn hěn dà, rén hěn duō.*
　　这 个 商店 很 大，人 很 多。
　　　　　Zhè ge shāngdiàn zěnmeyàng?
　　问：这 个 商店 怎么样？

18. *Zhuōzi shang yǒu jǐ ge bēizi.*
　　桌子 上 有 几 个 杯子。
　　　　　Zhuōzi shang yǒu shénme?
　　问：桌子 上 有 什么？

19. *Māma shuō liù diǎn néng huí jiā.*
　　妈妈 说 六 点 能 回 家。
　　　　　Māma shénme shíhou huí jiā?
　　问：妈妈 什么 时候 回 家？

20. *Tāmen zài tīng lǎoshī shuō huà.*
　　他们 在 听 老师 说 话。
　　　　　Tāmen zài tīng shéi shuōhuà?
　　问：他们 在 听 谁 说话？

Tīnglì kǎoshì xiànzài jiéshù.
听力 考试 现在 结束。

HSK（一级）全真模拟试题（第7套）听力材料

（音乐，30秒，渐弱）

Dàjiā hǎo! Huānyíng cānjiā　　　yījí　kǎoshì.
大家 好！ 欢迎 参加 HSK （ 一级 ） 考试。

Dàjiā hǎo! Huānyíng cānjiā　　　yījí　kǎoshì.
大家 好！ 欢迎 参加 HSK （ 一级 ） 考试。

Dàjiā hǎo! Huānyíng cānjiā　　　yījí　kǎoshì.
大家 好！ 欢迎 参加 HSK （ 一级 ） 考试。

　　　　　yījí　　tīnglì kǎoshì fēn sì bùfen, gòng　　tí.
HSK （ 一级 ） 听力 考试 分 四 部分， 共 20 题。

Qǐng dàjiā zhùyì, tīnglì kǎoshì xiànzài kāishǐ.
请 大家 注意， 听力 考试 现在 开始。

　　　　　　　　Dì-yī bùfen
第一 部分

Yígòng　ge tí, měi tí tīng liǎng cì.
一共 5 个 题， 每 题 听 两 次。

Lìrú: hěn gāoxìng
例如：很 高兴

　　kàn diànyǐng
　　看 电影

Xiànzài kāishǐ dì　tí:
现在 开始 第 1 题：

　diànhuà
1. 电话

　　kàn diànyǐng
2. 看 电影

　zhōngwǔ
3. 中午

　dú shū
4. 读 书

Hànyǔshū
5. 汉语书

Dì-èr bùfen
第二 部分

Yígòng ge tí, měi tí tīng liǎng cì.
一共 5 个题,每题听 两 次。

Lìrú: Zhè shì wǒ de shū.
例如:这 是 我 的 书。

Xiànzài kāishǐ dì tí:
现在 开始 第 6 题:

Xiǎo māo zài nàr shuì jiào ne.
6. 小 猫 在 那儿 睡 觉 呢。

Māma jiào wǒmen huíqu le, zàijiàn.
7. 妈妈 叫 我们 回去 了,再见。

Nà ge rén shì wǒ de Hànyǔ lǎoshī.
8. 那 个 人 是 我 的 汉语 老师。

Xiàle sān tiān yǔ le, tiānqì hěn lěng.
9. 下了 三 天 雨 了,天气 很 冷。

Jīntiān māma hé wǒ zài jiā zuò fàn.
10. 今天 妈妈 和 我 在 家 做 饭。

Dì-sān bùfen
第三 部分

Yígòng ge tí, měi tí tīng liǎng cì.
一共 5 个题,每题听 两 次。

Lìrú: Nǐ hǎo!
例如:女:你 好!

Nǐ hǎo! Hěn gāoxìng rènshi nǐ.
男:你 好! 很 高兴 认识 你。

Xiànzài kāishǐ dì   tí:
现在 开始 第 11 题：

11. 男： Xiǎojiě, xiànzài jǐ diǎn?
　　　 小姐，现在 几 点？

　　女： Xiànzài shí diǎn líng jiǔ fēn.
　　　 现在 十 点 零 九 分。

12. 女： Nǐ chī bu chī píngguǒ?
　　　 你 吃 不 吃 苹果？

　　男： Xièxie, wǒ bù chī, wǒ xiǎng hē diǎnr shuǐ.
　　　 谢谢，我 不 吃，我 想 喝点儿 水。

13. 男： Nǐ shì zěnme qù huǒchēzhàn de?
　　　 你 是 怎么 去 火车站 的？

　　女： Tiānqì bù hǎo, Wǒ shì zuò chūzūchē qù de.
　　　 天气 不 好，我 是 坐 出租车 去 的。

14. 女： Wáng yīshēng zài nǎr?
　　　 王 医生 在 哪儿？

　　男： Tā zài nàr ne.
　　　 他 在 那儿 呢。

15. 男： Bà, mā, nǐmen néng kànjiàn wǒ ma?
　　　 爸，妈，你们 能 看见 我 吗？

　　女： Érzi, māma kànjiàn nǐ le!
　　　 儿子，妈妈 看见 你 了！

Dì-sì   bùfen
第四 部分

Yígòng   ge tí, měi tí tīng liǎng cì.
一共 5 个题，每题 听 两 次。

Lìrú: Xiàwǔ wǒ qù shāngdiàn, wǒ xiǎng mǎi yìxiē shuǐguǒ.
例如：下午 我 去 商店，我 想 买 一些 水果。

　　　Tā xiàwǔ qù nǎli?
问： 她 下午 去 哪里？

Xiànzài kāishǐ dì   tí:
现在 开始 第 16 题：

16. Tā xuéle sì nián Hànyǔ le.
　　他 学了 四 年 汉语 了。

　　　　　　Tā xuéle jǐ nián de Hànyǔ?
　　问：他 学 了 几 年 的 汉语？

　　　　　　Xiǎo Tiān de bàba zài yīyuàn gōngzuò.
17. 小 天 的 爸爸 在 医院 工作。

　　　　　　Xiǎo Tiān de bàba zài nǎr gōngzuò?
　　问：小 天 的 爸爸 在 哪儿 工作？

　　　　　Xià ge yuè wǒ xiǎng qù xué kāi chē.
18. 下 个 月 我 想 去 学 开 车。

　　　　　　Xià ge yuè wǒ xiǎng zuò shénme?
　　问：下 个 月 我 想 做 什么？

　　　　　Xiǎo māo bù gāoxìng, zhōngwǔ méi chī fàn.
19. 小 猫 不 高兴， 中午 没 吃 饭。

　　　　　　Xiǎo māo zěnme le?
　　问：小 猫 怎么 了？

　　　　　Wǒ hé māma dōu kànjiàn Gāo lǎoshī le.
20. 我 和 妈妈 都 看见 高 老师 了。

　　　　　　Tāmen kànjiàn shéi le?
　　问：他们 看见 谁 了？

　　Tīnglì kǎoshì xiànzài jiéshù.
　　听力 考试 现在 结束。

HSK（一级）全真模拟试题（第8套）听力材料

（音乐，30秒，渐弱）

Dàjiā hǎo! Huānyíng cānjiā yījí kǎoshì.
大家 好！ 欢迎 参加 HSK （一级） 考试。

Dàjiā hǎo! Huānyíng cānjiā yījí kǎoshì.
大家 好！ 欢迎 参加 HSK （一级） 考试。

Dàjiā hǎo! Huānyíng cānjiā yījí kǎoshì.
大家 好！ 欢迎 参加 HSK （一级） 考试。

 yījí tīnglì kǎoshì fēn sì bùfen, gòng tí.
HSK （一级） 听力 考试 分 四 部分，共 20 题。

Qǐng dàjiā zhùyì, tīnglì kǎoshì xiànzài kāishǐ.
请 大家 注意，听力 考试 现在 开始。

Dì-yī bùfen
第一 部分

Yígòng ge tí, měi tí tīng liǎng cì.
一共 5 个 题，每 题 听 两 次。

Lìrú: hěn gāoxìng
例如：很 高兴

kàn diànyǐng
看 电影

Xiànzài kāishǐ dì tí:
现在 开始 第 1 题：

èr líng yī yī nián
1. 二〇一一 年

hěn rè
2. 很 热

wǒ hé bàba
3. 我 和 爸爸

shí kuài qián
4. 十 块 钱

huǒchēzhàn
5. 火车站

Dì-èr bùfen
第二 部分

Yígòng ge tí, měi tí tīng liǎng cì.
一共 5 个 题,每 题 听 两 次。

Lìrú: Zhè shì wǒ de shū.
例如:这 是 我 的 书。

Xiànzài kāishǐ dì tí:
现在 开始 第 6 题:

Xiànzài shì shàngwǔ sì diǎn wǔshí fēn.
6. 现在 是 上午 四 点 五十 分。

Tā hěn gāoxìng.
7. 她 很 高兴。

Jīntiān tiānqì tài lěng le!
8. 今天 天气 太 冷 了!

Tā zuótiān shì zuò fēijī lái zhèr de.
9. 他 昨天 是 坐 飞机 来 这儿 的。

Wǒ xiàwǔ xiǎng kàn diànyǐng.
10. 我 下午 想 看 电影。

Dì-sān bùfen
第三 部分

Yígòng ge tí, měi tí tīng liǎng cì.
一共 5 个 题,每 题 听 两 次。

Lìrú: Nǐ hǎo!
例如:女:你 好!

Nǐ hǎo! Hěn gāoxìng rènshi nǐ.
男:你 好! 很 高兴 认识 你。

Xiànzài kāishǐ dì　　tí:
现在 开始 第 11 题:

11. 男:
　　Xiǎo Wáng de bàngōngshì zài nǎr?
　　小 王 的 办公室 在 哪儿?
　　女:
　　Zài qiánmian.
　　在 前面。

12. 女:
　　Wèi, Xiǎo Lǐ, nǐ zài kàn diànshì ma?
　　喂, 小 李, 你 在 看 电视 吗?
　　男:
　　Méiyǒu, wǒ zài shuì jiào.
　　没有, 我 在 睡 觉。

13. 男:
　　Lǎoshī, nǐ rènshi tāmen ma?
　　老师, 你 认识 他们 吗?
　　女:
　　Rènshi, tāmen shì wǒ de xuésheng.
　　认识, 他们 是 我 的 学生。

14. 女:
　　Xiǎo Lǐ, nǐ zuò nǎ tiān de huǒchē huí jiā?
　　小 李, 你 坐 哪 天 的 火车 回 家?
　　男:
　　Míngtiān.
　　明天。

15. 男:
　　Màikè, nǐ bàba shì yīshēng ma?
　　麦克, 你 爸爸 是 医生 吗?
　　女:
　　Tā bú shì, wǒ māma shì.
　　他 不 是, 我 妈妈 是。

Dì-sì　bùfen
第四 部分

Yígòng　　ge tí, měi tí tīng liǎng cì.
一共 5 个 题, 每 题 听 两 次。

Lìrú: Xiàwǔ wǒ qù shāngdiàn, wǒ xiǎng mǎi yìxiē shuǐguǒ.
例如: 下午 我 去 商店, 我 想 买 一些 水果。
　　　Tā xiàwǔ qù nǎli?
问: 她 下午 去 哪里?

Xiànzài kāishǐ dì　　tí:
现在 开始 第 16 题:

16.
　Wǒ de diànhuà shì sān liù èr jiǔ.
　我 的 电话 是 三 六 二 九。

　　　　　Tā de diànhuà shì duōshao?
　　问：他的 电话 是 多少？

　　　　Xiànzài shì jiǔyuè qī rì jiǔ diǎn líng qī fēn.
17. 现在 是 九月 七 日 九 点 零 七 分。

　　　　Xiànzài jǐ diǎn le?
　　问： 现在 几 点 了？

　　　　Wǒmen qù fànguǎnr chī Zhōngguócài ba.
18. 我 们 去 饭馆儿 吃 中国菜 吧。

　　　　Tāmen yào qù nǎli?
　　问： 他们 要 去 哪里？

　　　　Tā shì wǒ péngyou de nǚ'ér, tīng wǒ péngyou shuō, tā shì lǎoshī.
19. 她是 我 朋友 的 女儿，听 我 朋友 说，她 是 老师。

　　　　Shéi shì lǎoshī?
　　问： 谁 是 老 师？

　　　　Wǒ qù Běijīng wánr sān tiān, xià xīngqīyī huílai, zàijiàn!
20. 我 去 北京 玩儿 三 天，下 星期一 回来，再见！

　　　　Tā nǎ tiān huílai?
　　问： 他 哪 天 回来？

Tīnglì kǎoshì xiànzài jiéshù.
听力 考试 现在 结束。

HSK（一级）全真模拟试题（第9套）听力材料

（音乐，30秒，渐弱）

Dàjiā hǎo! Huānyíng cānjiā HSK (yījí) kǎoshì.
大家 好！ 欢迎 参加 HSK （一级） 考试。

Dàjiā hǎo! Huānyíng cānjiā HSK (yījí) kǎoshì.
大家 好！ 欢迎 参加 HSK （一级） 考试。

Dàjiā hǎo! Huānyíng cānjiā HSK (yījí) kǎoshì.
大家 好！ 欢迎 参加 HSK （一级） 考试。

HSK (yījí) tīnglì kǎoshì fēn sì bùfen, gòng 20 tí.
HSK （一级） 听力 考试 分 四 部分， 共 20 题。

Qǐng dàjiā zhùyì, tīnglì kǎoshì xiànzài kāishǐ.
请 大家 注意，听力 考试 现在 开始。

Dì-yī bùfen
第一 部分

Yígòng 5 ge tí, měi tí tīng liǎng cì.
一共 5 个 题，每 题 听 两 次。

Lìrú: hěn gāoxìng
例如：很 高兴

kàn diànyǐng
看 电影

Xiànzài kāishǐ dì 1 tí:
现在 开始 第 1 题：

sān běn shū
1. 三 本 书

huí jiā
2. 回 家

diǎn
3. 4 点 15

lǎoshī hé xuésheng
4. 老师 和 学生

zuò fàn
5. 做 饭

第二 部分
Dì-èr bùfen

一共 5 个题, 每题听 两 次。
Yígòng ge tí, měi tí tīng liǎng cì.

例如：这 是 我 的 书。
Lìrú: Zhè shì wǒ de shū.

现在 开始 第 6 题：
Xiànzài kāishǐ dì tí:

6. 妈妈 买 的 苹果 太 少 了。
Māma mǎi de píngguǒ tài shǎo le.

7. 他 的 爸爸 是 医生。
Tā de bàba shì yīshēng.

8. 你好，请 喝 茶。
Nǐ hǎo, qǐng hē chá.

9. 这 个 电脑 多少 钱？
Zhè ge diànnǎo duōshao qián?

10. 那 是 儿子 的 小 狗。
Nà shì érzi de xiǎo gǒu.

第三 部分
Dì-sān bùfen

一共 5 个题, 每题听 两 次。
Yígòng ge tí, měi tí tīng liǎng cì.

例如:女: 你 好!
Lìrú: Nǐ hǎo!

男: 你 好! 很 高兴 认识 你。
Nǐ hǎo! Hěn gāoxìng rènshi nǐ.

Xiànzài kāishǐ dì   tí：
现在 开始 第 11 题：

Nǐ zài hé shéi shuō huà ne?
11. 女：你 在 和 谁 说 话 呢？

Wǒ zài hé wǒ de péngyou dǎ diànhuà ne.
   男：我 在 和 我 的 朋友 打 电话 呢。

Nǐ zuótiān zài nǎr shuì jiào de?
12. 男：你 昨天 在 哪儿 睡 觉 的？

Wǒ zuótiān zài fēijī shang shuì de.
   女：我 昨天 在 飞机 上 睡 的。

Nǐ xǐhuan Běijīng de shénme?
13. 男：你 喜欢 北京 的 什么？

Wǒ xǐhuan Běijīng de fànguǎnr, nàr de cài dōu hěn hǎo chī.
   女：我 喜欢 北京 的 饭馆儿，那儿 的 菜 都 很 好 吃。

Yǐzi shang de shū shì nǐ de ma? Shàngmian méiyǒu xiě míngzi.
14. 女：椅子 上 的 书 是 你 的 吗？ 上面 没有 写 名字。

Duìbuqǐ, bú shì wǒ de.
   男：对不起，不 是 我 的。

Míngtiān xià yǔ, nǐ zěnme qù gōngzuò?
15. 女：明天 下 雨，你 怎么 去 工作？

Zuò qìchē qù.
   男：坐 汽车 去。

Dì-sì bùfen
第四 部分

Yígòng   ge tí, měi tí tīng liǎng cì.
一共 5 个 题，每 题 听 两 次。

Lìrú: Xiàwǔ wǒ qù shāngdiàn, wǒ xiǎng mǎi yìxiē shuǐguǒ.
例如：下午 我 去 商店， 我 想 买 一些 水果。

Tā xiàwǔ qù nǎli?
   问：她 下午 去 哪里？

Xiànzài kāishǐ dì   tí：
现在 开始 第 16 题：

Zhè shì wǒ de nǚ'ér, tā jīnnián wǔ suì le.
16. 这 是 我 的 女儿，她 今年 五 岁 了。

　　　　　Tā de nǚ'ér jīnnián jǐ suì le?
　　　问：她的女儿今年几岁了？

　　　　　Nǐ hǎo! Nǐmen yào chī Zhōngguócài ma?
17. 你好！你们要吃中国菜吗？

　　　　　Tāmen zài nǎr?
　　　问：他们在哪儿？

　　　　　Nǐ zhōngwǔ shuì jiào, wǒ yào qù shāngdiàn mǎi bēizi.
18. 你中午睡觉，我要去商店买杯子。

　　　　　Tā qù mǎi shénme?
　　　问：他去买什么？

　　　　　Zhè shì wǒ de nǚpéngyou, wǒmen shì　　　nián zài huǒchēzhàn rènshi de.
19. 这是我的女朋友，我们是2008年在火车站认识的。

　　　　　Tā hé nǚpéngyou shénme shíhou rènshi de?
　　　问：他和女朋友什么时候认识的？

　　　　　Mā, mǐfàn tài duō le, cài tài shǎo le.
20. 妈，米饭太多了，菜太少了。

　　　　　Mǐfàn zěnmeyàng?
　　　问：米饭怎么样？

Tīnglì kǎoshì xiànzài jiéshù.
听力考试现在结束。

HSK（一级）全真模拟试题（第10套）听力材料

（音乐，30秒，渐弱）

Dàjiā hǎo! Huānyíng cānjiā　　　　yījí kǎoshì.
大家 好！ 欢迎 参加 HSK （一级） 考试。

Dàjiā hǎo! Huānyíng cānjiā　　　　yījí kǎoshì.
大家 好！ 欢迎 参加 HSK （一级） 考试。

Dàjiā hǎo! Huānyíng cānjiā　　　　yījí kǎoshì.
大家 好！ 欢迎 参加 HSK （一级） 考试。

　　　　　yījí　　tīnglì kǎoshì fēn sì bùfen, gòng　　tí.
HSK （一级） 听力 考试 分 四 部分， 共 20 题。

Qǐng dàjiā zhùyì, tīnglì kǎoshì xiànzài kāishǐ.
请 大家 注意， 听力 考试 现在 开始。

　　　　　　　　Dì-yī bùfen
第一 部分

Yígòng　 ge tí, měi tí tīng liǎng cì.
一共 5 个 题，每 题 听 两 次。

Lìrú: hěn gāoxìng
例如：很 高兴

　　　kàn diànyǐng
　　　看 电影

Xiànzài kāishǐ dì　　tí:
现在 开始 第 1 题：

　　mǎi dōngxi
1. 买 东西

　　kāi chē
2. 开 车

　　dú shū
3. 读 书

　　qǐng hē chá
4. 请 喝 茶

māma hé nǚ'ér
5. 妈妈 和 女儿

Dì-èr bùfen
第二 部分

Yígòng ge tí, měi tí tīng liǎng cì.
一共 5 个 题，每 题 听 两 次。

Lìrú: Zhè shì wǒ de shū.
例如：这 是 我 的 书。

Xiànzài kāishǐ dì tí:
现在 开始 第 6 题：

Tā bàba zài yīyuàn gōngzuò.
6. 他 爸爸 在 医院 工作。

Bàngōngshì li de rén tài duō le.
7. 办公室 里 的 人 太 多 了。

Zhuōzi shang de shū shì wǒ de.
8. 桌子 上 的 书 是 我 的。

Māma zài zuò fàn.
9. 妈妈 在 做 饭。

Qǐng zài zhèr xiě nǐ de míngzi.
10. 请 在 这儿 写 你 的 名字。

Dì-sān bùfen
第三 部分

Yígòng ge tí, měi tí tīng liǎng cì.
一共 5 个 题，每 题 听 两 次。

Lìrú: Nǐ hǎo!
例如：女：你 好！

Nǐ hǎo! Hěn gāoxìng rènshi nǐ.
男：你 好！很 高兴 认识 你。

Xiànzài kāishǐ dì　　　tí:
现在 开始 第 11 题：

11. 男：Nǐ zhù zài nǎr?
　　　　你 住 在 哪儿？
　　女：Wǒ zhù zài xuéxiào lǐmian.
　　　　我 住 在 学校 里面。

12. 女：Nǐ xǐhuan chī mǐfàn ma?
　　　　你 喜欢 吃 米饭 吗？
　　男：Wǒ bù xǐhuan chī mǐ fàn, wǒ xǐhuan chī cài.
　　　　我 不 喜欢 吃 米饭，我 喜欢 吃 菜。

13. 男：Zhè ge bēizi duōshao qián?
　　　　这 个 杯子 多少 钱？
　　女：kuài.
　　　　60 块。

14. 女：Wǒmen zěnme qù huǒchēzhàn?
　　　　我们 怎么 去 火车站？
　　男：Zuò gōnggòng qìchē qù.
　　　　坐 公共 汽车 去。

15. 男：Zhuōzi shang de Hànyǔshū shì nǐ de ma?
　　　　桌子 上 的 汉语书 是 你 的 吗？
　　女：Bú shì, shì wǒ tóngxué de.
　　　　不 是，是 我 同学 的。

Dì-sì bùfen
第四 部分

Yígòng　　ge tí, měi tí tīng liǎng cì.
一共 5 个 题，每 题 听 两 次。

Lìrú: Xiàwǔ wǒ qù shāngdiàn, wǒ xiǎng mǎi yìxiē shuǐguǒ.
例如：下午 我 去 商店，我 想 买 一些 水果。
　　　Tā xiàwǔ qù nǎli?
问：她 下午 去 哪里？

Xiànzài kāishǐ dì　　　tí:
现在 开始 第 16 题：

　　　　Tā sān ge yuè qián qùle Zhōngguó.
16. 她 三 个 月 前 去了 中国。
　　　　　　Tā qù Zhōngguó jǐ ge yuè le?
　　问：她 去 中国 几 个 月 了？

　　　　Wǒ xiǎng qù xuéxiào hòumian de shāngdiàn mǎi diǎnr shuǐguǒ.
17. 我 想 去 学校 后面 的 商店 买 点儿 水果。
　　　　　　Tā xiǎng qù gàn shénme?
　　问：他 想 去 干 什么？

　　　　Jīntiān xīngqīwǔ, míngtiān wǒmen qù kàn diànyǐng.
18. 今天 星期五， 明天 我们 去 看 电影。
　　　　　　Tāmen shénme shíhou qù kàn diànyǐng?
　　问：他们 什么 时候 去 看 电影？

　　　　Tā měi tiān shàngwǔ hé xiàwǔ dōu huì chī yí ge píngguǒ.
19. 他 每 天 上午 和 下午 都 会 吃 一 个 苹果。
　　　　　　Tā yì tiān chī jǐ ge píngguǒ?
　　问：他 一 天 吃 几 个 苹果？

　　　　Míngtiān xiàwǔ wǒ hé māma qù mǎi yīfu.
20. 明天 下午 我 和 妈妈 去 买 衣服。
　　　　　　Wǒ hé shéi qù mǎi yīfu?
　　问：我 和 谁 去 买 衣服？

Tīnglì kǎoshì xiànzài jiéshù.
听力 考试 现在 结束。

HSK（一级）全真模拟试题（第1套）答案

一、听　力

第一部分

1. √   2. ×   3. √   4. ×   5. √

第二部分

6. A   7. B   8. A   9. B   10. C

第三部分

11. B   12. D   13. A   14. F   15. E

第四部分

16. B   17. B   18. C   19. A   20. B

二、阅　读

第一部分

21. ×   22. ×   23. √   24. ×   25. √

第二部分

26. F   27. D   28. A   29. B   30. C

第三部分

31. E   32. A   33. B   34. C   35. D

第四部分

36. F   37. E   38. C   39. B   40. A

HSK（一级）全真模拟试题（第2套）答案

一、听 力

第 一 部 分

1. ✗ 2. ✓ 3. ✗ 4. ✓ 5. ✓

第 二 部 分

6. A 7. B 8. C 9. A 10. A

第 三 部 分

11. B 12. F 13. A 14. D 15. E

第 四 部 分

16. C 17. B 18. A 19. C 20. A

二、阅 读

第 一 部 分

21. ✗ 22. ✓ 23. ✓ 24. ✓ 25. ✗

第 二 部 分

26. D 27. F 28. A 29. B 30. C

第 三 部 分

31. E 32. A 33. C 34. D 35. B

第 四 部 分

36. F 37. E 38. B 39. A 40. C

HSK（一级）全真模拟试题（第3套）答案

一、听　力

第一部分

1. ×　　2. √　　3. ×　　4. √　　5. ×

第二部分

6. A　　7. B　　8. A　　9. C　　10. B

第三部分

11. B　　12. E　　13. F　　14. A　　15. D

第四部分

16. A　　17. A　　18. B　　19. B　　20. C

二、阅　读

第一部分

21. ×　　22. √　　23. √　　24. ×　　25. ×

第二部分

26. D　　27. A　　28. F　　29. B　　30. C

第三部分

31. D　　32. B　　33. C　　34. A　　35. E

第四部分

36. A　　37. C　　38. B　　39. F　　40. E

HSK（一级）全真模拟试题（第4套）答案

一、听 力

第一部分

1. √   2. √   3. ×   4. √   5. ×

第二部分

6. A   7. B   8. B   9. C   10. A

第三部分

11. D   12. F   13. A   14. B   15. E

第四部分

16. B   17. C   18. A   19. C   20. B

二、阅 读

第一部分

21. √   22. ×   23. √   24. ×   25. √

第二部分

26. A   27. F   28. D   29. C   30. B

第三部分

31. E   32. A   33. B   34. C   35. D

第四部分

36. B   37. E   38. F   39. C   40. A

HSK（一级）全真模拟试题（第5套）答案

一、听 力

第 一 部 分

1. ×　　2. ×　　3. ×　　4. √　　5. √

第 二 部 分

6. A　　7. C　　8. B　　9. B　　10. C

第 三 部 分

11. B　　12. F　　13. A　　14. E　　15. D

第 四 部 分

16. C　　17. C　　18. B　　19. B　　20. A

二、阅 读

第 一 部 分

21. √　　22. √　　23. ×　　24. ×　　25. ×

第 二 部 分

26. D　　27. F　　28. A　　29. C　　30. B

第 三 部 分

31. E　　32. D　　33. B　　34. C　　35. A

第 四 部 分

36. F　　37. E　　38. A　　39. C　　40. B

HSK（一级）全真模拟试题（第6套）答案

一、听　力

第一部分

1. ×　　　2. ×　　　3. ×　　　4. √　　　5. √

第二部分

6. B　　　7. A　　　8. A　　　9. C　　　10. B

第三部分

11. F　　　12. D　　　13. A　　　14. B　　　15. E

第四部分

16. B　　　17. C　　　18. A　　　19. B　　　20. C

二、阅　读

第一部分

21. √　　　22. ×　　　23. ×　　　24. √　　　25. √

第二部分

26. D　　　27. C　　　28. B　　　29. F　　　30. A

第三部分

31. E　　　32. D　　　33. B　　　34. A　　　35. C

第四部分

36. F　　　37. A　　　38. E　　　39. B　　　40. C

HSK（一级）全真模拟试题（第7套）答案

一、听 力

第一部分

1. ✓   2. ✓   3. ✗   4. ✗   5. ✓

第二部分

6. B   7. A   8. C   9. A   10. A

第三部分

11. B   12. F   13. A   14. D   15. E

第四部分

16. A   17. C   18. A   19. B   20. B

二、阅 读

第一部分

21. ✓   22. ✗   23. ✓   24. ✗   25. ✗

第二部分

26. B   27. D   28. F   29. A   30. C

第三部分

31. A   32. E   33. B   34. D   35. C

第四部分

36. A   37. F   38. C   39. E   40. B

HSK（一级）全真模拟试题（第8套）答案

一、听　力

第一部分

1. √　　2. ×　　3. √　　4. √　　5. ×

第二部分

6. B　　7. A　　8. A　　9. C　　10. B

第三部分

11. E　　12. B　　13. F　　14. A　　15. D

第四部分

16. A　　17. C　　18. B　　19. C　　20. C

二、阅　读

第一部分

21. √　　22. ×　　23. ×　　24. ×　　25. ×

第二部分

26. F　　27. D　　28. B　　29. C　　30. A

第三部分

31. E　　32. B　　33. A　　34. D　　35. C

第四部分

36. A　　37. E　　38. F　　39. B　　40. C

HSK（一级）全真模拟试题（第 9 套）答案

一、听　力

第 一 部 分

| 1. ✗ | 2. ✓ | 3. ✗ | 4. ✓ | 5. ✓ |

第 二 部 分

| 6. B | 7. A | 8. C | 9. C | 10. A |

第 三 部 分

| 11. E | 12. A | 13. F | 14. D | 15. B |

第 四 部 分

| 16. B | 17. A | 18. C | 19. C | 20. B |

二、阅　读

第 一 部 分

| 21. ✓ | 22. ✗ | 23. ✓ | 24. ✓ | 25. ✗ |

第 二 部 分

| 26. B | 27. F | 28. A | 29. C | 30. D |

第 三 部 分

| 31. E | 32. D | 33. C | 34. A | 35. B |

第 四 部 分

| 36. E | 37. F | 38. A | 39. C | 40. B |

HSK（一级）全真模拟试题（第10套）答案

一、听 力

第一部分

1. ×　　2. √　　3. ×　　4. √　　5. √

第二部分

6. C　　7. B　　8. C　　9. A　　10. C

第三部分

11. F　　12. D　　13. B　　14. E　　15. A

第四部分

16. A　　17. C　　18. B　　19. A　　20. B

二、阅 读

第一部分

21. √　　22. ×　　23. ×　　24. √　　25. ×

第二部分

26. D　　27. B　　28. A　　29. F　　30. C

第三部分

31. A　　32. E　　33. D　　34. B　　35. C

第四部分

36. C　　37. F　　38. E　　39. A　　40. B

HSK（一级）全真模拟试题（第1套）题解

一、听　力

第 一 部 分

	图片	文本	意思	答案
1		kàn diànshì 看　电视	watch TV	√
2		dú 读	read	×
3		shuǐguǒ 水果	fruit	√
4		shuì jiào 睡　觉	sleep	×
5		nǐ hǎo 你 好	How are you?	√

第 二 部 分

6. 听力文本是："他的妈妈是医生"，"医生"是 doctor，图片 A 上是医生。正确答案是 A。

7. 听力文本是："他在打电话"，"打电话"对应的英文是 give sb. a call，图片 B 上的人正在打电话。正确答案是 B。

8. 听力文本是："这个杯子很漂亮"，"杯子"是 cup，图片 A 上是杯子。正确答案是 A。

9. 听力文本是："他 22 岁了"，"22 岁"是 twenty two years old，图片 B 上是个年轻人。正确答案是 B。

10. 听力文本是："李先生，请喝茶"，"茶"是 tea，图片 C 上是一杯茶。正确答案是 C。

第 三 部 分

11. 男的在找书，女的告诉他书在桌子上。"书在桌子上"对应的英文是："The books are on the table."图片 B 的桌子上有两本书。正确答案是 B。

12. 女的问男的想怎么去北京，男的回答："我坐飞机去。""飞机"是 plane，图片 D 上是一架飞机。正确答案是 D。

13. 男的问女的昨天有没有去学校，女的回答："没去，我去商店买了些东西。""买东西"是 shopping，图片 A 上是一个女人买了很多东西。正确答案是 A。

14. 女的想知道天气怎么样，男告诉她今天下雨了。"下雨了"对应的英文是："It's raining."图片 F 上是下雨。正确答案是 F。

15. 男的说："那是王小姐的朋友，她是一个老师。"女的说："是吗？她很漂亮。""老师"是teacher，图片E上是一位老师。正确答案是E。

第 四 部 分

16. 这段话问的是去哪儿吃饭。我们听到"我不想在家吃饭，我们去饭馆儿吃，好吗"，"饭馆"是restaurant。正确答案是B。

17. 这段话问的是家里没有什么。我们听到"家里没有苹果了，我想去商店买一些"。说话人想去商店，因为家里没有苹果了。"苹果"是apple。正确答案是B。

18. 这段话问的是时间。我们听到"今天星期五，下午我们去看电影"。他们看电影的时间是"星期五下午"，"下午"是afternoon。正确答案是C。

19. 这段话问的是说话人坐什么去火车站。我们听到"我明天想坐出租车去火车站"。所以说话人是想坐出租车去，"出租车"是taxi。正确答案是A。

20. 这段话问的是谁是老师。我们听到"我爸爸是医生，妈妈是老师"。所以说话人的妈妈是老师。"医生"是doctor，"老师"是teacher。正确答案是B。

二、阅 读

第 一 部 分

	图片	文本	意思	答案
21		cài 菜	dish	×
22		rè 热	hot	×
23		māo 猫	cat	✓
24		xiǎojiě 小姐	Miss	×
25		hē 喝	drink	✓

第 二 部 分

26. 文本是:"他坐在椅子上喝茶。""坐在椅子上喝茶"对应的英文是:"He sits in a chair and drinks the tea."图片 F 上是一个男人坐在椅子上喝茶。正确答案是 F。

27. 文本是:"朋友很喜欢狗。""朋友很喜欢狗"对应的英文是:"My friend like dog very much."图片 D 上是一个女人和一只狗。正确答案是 D。

28. 文本是:"她和女儿去买东西。""她和女儿"是 she and her daughter。图片 A 上是一个女人和她的女儿开车出去。正确答案是 A。

29. 文本是:"我坐十点十分的火车。""十点十分"是 ten past ten。图片 B 上是一个钟,时间是十点十分。正确答案是 B。

30. 文本是:"她在写字呢。""写字"是 write。图片 C 上是一个女孩儿在写字。正确答案是 C。

第 三 部 分

31. 左边的文本是:"对不起,我不能去。""对不起"是 sorry,别人说"对不起"时应该回答"没关系","没关系"是:"That's OK."正确答案是 E。

32. 左边的文本是:"你什么时候去那儿?""什么时候"是 when,问的是时间,右边的文本中表示时间的只有"下个月"。正确答案是 A。

33. 左边的文本是:"这个桌子多少钱?""多少钱"是 how much,问的是钱,右边的文本中表示钱的是"97 块"。正确答案是 B。

34. 左边的文本是:"你叫什么名字?"这个句子对应的英文是:"What's your name?"问的是名字,和它对应的回答是"王小明"。正确答案是 C。

35. 左边的文本是:"你喜欢看电影吗?"这个句子对应的英文是:"Do you like watching movies?"和它对应的回答是:"很喜欢。"正确答案是 D。

第 四 部 分

36. "她是一个很爱（　　）的人""爱"后面常常接动词,表示"喜欢做什么"。选项中"说话"是动词,放在"爱"的后面,意思是喜欢说话。正确答案是 F。

37. "我是一个（　　）""一个"后面可以接表示人的名词。正确答案是 E。

38. "今天是 2013 年 1 月 12（　　）"这是一个日期,汉语中是这样写日期的：……年……月……日。正确答案是 C。

39. 女的说："谢谢你买的漂亮衣服。"别人说"谢谢"时,对应的回答应该是"不客气"。正确答案是 B。

40. "你星期几（　　）北京?"这个句子中没有谓语动词,宾语是地点名词"北京",动词常常是"来"、"去"、"回"、"到"等。正确答案是 A。

HSK（一级）全真模拟试题（第2套）题解

一、听 力

第 一 部 分

	图片	文本	意思	答案
1		xiě zì 写 字	write	×
2		diànnǎo 电脑	computer	√
3		xuésheng 学生	student	×
4		chī píngguǒ 吃 苹果	eat an apple	√
5		zuò cài 做 菜	cook dishes	√

第 二 部 分

6. 听力文本是："我的儿子会说话了。"这个句子对应的英文是："My son has learned to speak."刚会说话，应该是个小孩儿。图片 B 上是一个大男孩儿，C 是女孩儿，都不对。正确答案是 A。

7. 听力文本是："他在女朋友后面。""后面"是 at the back，图片 B 上是一个男人站在一个女人后面。正确答案是 B。

8. 听力文本是："我家的小猫很喜欢睡觉。""小猫"是 kitten，图片 C 上是小猫。正确答案是 C。

9. 听力文本是："昨天天气很热。""热"是 hot，图片 A 上是衣服穿得很少的女孩儿，B 和 C 上的人都穿得很多。正确答案是 A。

10. 听力文本是："喂，你今天回家吃饭吗?""吃饭"是 have a meal，图片 A 上是一桌子饭菜。正确答案是 A。

第 三 部 分

11. 男的问女的去哪儿买衣服，女的回答"学校前面有一家商店，我想去那儿"。"商店"是 store，图片 B 上是一家卖衣服的商店。正确答案是 B。

12. 女的想知道男的喜欢喝什么，男的说他喜欢喝中国茶。"茶"是 tea，图片 F 上是茶。正确答案是 F。

13. 女的回答张先生在医院工作，是医生。"医生"是 doctor，图片 A 上是一个医生拿着很多药。正确答案是 A。

14. 女的告诉男的"这是我的儿子和女儿"，男的说他们很漂亮。"我的儿子和女儿"是 my son and daughter，图片 D 上是一个男孩儿和一个女孩儿。正确答案是 D。

15. 男的问女的家里有没有苹果，女的告诉他苹果在桌子上，"苹果在桌子上"对应的英文是："The apples are on the table."图片E是桌子上放着苹果。正确答案是E。

第 四 部 分

16. 这段话问的是什么时候。我们听到"我是今年6月23日来中国的"，可以知道，他是6月23日来中国的，而不是2月23号和3月26日。正确答案是C。

17. 这段话问的是他和谁去看电影。我们听到"我下午和妈妈去看电影"，"我和妈妈"是 my mom and I，所以和他去看电影的是他妈妈。正确答案是B。

18. 这段话问的是他在哪儿工作。我们听到"他是我们学校的汉语老师"，这个句子对应的英文是："He is a Chinese teacher of our school."所以他在学校工作。正确答案是A。

19. 这段话问的是他想买几个杯子。我们听到"四个杯子太少了，我想买八个"，可以知道他想买八个杯子，不是四个。正确答案是C。

20. 这段话问的是衣服怎么样。我们听到"这个衣服太大了，我想买小点儿的"，"太大了"是 too big。正确答案是A。

二、阅 读

第 一 部 分

	图片	文本	意思	答案
21		yīshēng 医生	doctor	×
22		píngguǒ 苹果	apples	✓
23		sān běn shū 三本书	three books	✓
24		kāi chē 开车	drive	✓
25		zhuōzi 桌子	table	×

第 二 部 分

26. 文本是:"能在这儿看见你很高兴。"这个句子对应的英文是:"I'm glad to meet you here."这是见面时说的话,图片 D 上是两个人握手。正确答案是 D。

27. 文本是:"他们都是我的同学。""同学"是 classmate。图片 F 上是几个拿着书的学生。正确答案是 F。

28. 文本是:"这些书你都想看吗?""书"是 book。图片 A 上是一个女孩儿和很多书。正确答案是 A。

29. 文本是:"坐飞机 50 分钟能去北京。""飞机"是 plane。图片 B 上有一架飞机。正确答案是 B。

30. 文本是:"桌子上有很多东西。"这个句子对应的英文是:"There are a lot of things on the table."图片 C 上有一张桌子,上面有很多东西。正确答案是 C。

第 三 部 分

31. 左边的文本是:"坐在椅子上那个人是谁?"这个句子对应的英文是:"Who is the person that sitting on the chair?"问的是人,右边的文本中只有"他是张老师"是在说一个人。正确答案是 E。

32. 左边的文本是:"我住在三零三,你呢?""住"是 live,这个句子问的是住的地方,和它对应的句子是"我住四零一"。正确答案是 A。

33. 左边的文本是:"你昨天怎么没来学校?"这个句子对应的英文是:"Why didn't you come to school yesterday?"问的是原因(reason),和它对应的句子是"我去医院了"。正确答案是 C。

34. 左边的文本是："这些杯子，你喜欢哪个？""你喜欢哪个"对应的英文是："Which one do you like?" 问"哪个"的时候要回答"这个"或者"那个"，"小的那个"是："The small one."正确答案是 D。

35. 左边的文本是："我女朋友明天来看我。"这个句子对应的英文是："My girl friend will come to see me tomorrow." 和它对应的句子应该是表示态度的。正确答案是 B。

第 四 部 分

36. "我想坐（   ）去学校，你呢？""坐"后面可以接交通工具。正确答案是 F。

37. "（   ）了，现在天气很冷，我下午去你那儿，好吗？""了"前面是动词时，可以表示变化已经实现。句子中说"天气很冷"，那前半句可能是"下雨了"或"下雪了"等。正确答案是 E。

38. "你（   ），他们在说什么？""你"后面可以接谓语动词。正确答案是 B。

39. "（   ），你的家很大，很漂亮。"和上一句"你请坐，请喝水"对应。别人请你坐下并且请你喝水的时候应该表示感谢。正确答案是 A。

40. "她有朋友来北京，她去（   ）了。""去"后面可以接地点名词。正确答案是 C。

HSK（一级）全真模拟试题（第 3 套）题解

一、听　力

第 一 部 分

	图片	文本	意思	答案
1		gǒu 狗	dog	×
2		hē 喝	drink	√
3		shuō huà 说　话	speak	×
4		dǎ diànhuà 打　电话	give sb. a call	√
5		xuéxí 学习	study	×

第 二 部 分

6. 听力文本是："他们都是王老师的学生。""学生"是 student，图片 A 上是一个教室里有几个学生。正确答案是 A。

7. 听力文本是："很多水果我都爱吃。""水果"是 fruit，图片 B 上是很多水果。正确答案是 B。

8. 听力文本是："这儿怎么一个人都没有？"这个句子对应的英文是："Why is there nobody here?"图片 A 上是一个没人的教室。正确答案是 A。

9. 听力文本是："现在十点十二分。""十点十二分"是 twelve past ten，图片 C 上时钟的时间是 10：12。正确答案是 C。

10. 听力文本是："她是坐飞机来北京的。""飞机"是 plane，图片 B 上是一架飞机。正确答案是 B。

第 三 部 分

11. 男的问女的去哪儿了，女的说"我去买衣服了"。"买衣服"是 buy clothes，图片 B 上是一个女人买了很多东西。正确答案是 B。

12. 女的问："她是你的朋友吗？"男的回答："是的，她在饭馆儿工作。""她在饭馆儿工作"对应的英文是："She works in a restaurant."图片 E 上是一个饭店服务员。正确答案是 E。

13. 男的想知道桌子上的电脑是谁的，女的说是王医生的。"电脑"是 computer，图片 F 上是一台电脑。正确答案是 F。

14. 女的想知道男的在中国住了几年，男的说他在中国住了八年。男的和女的在说话，图片 A 上是一男一女在聊天。正确答案是 A。

15. 男的问女的去不去买苹果，女的回答"我不去，我想在家看电视"。"看电视"是 watch TV，图片 D 上是一个人在看电视。正确答案是 D。

第 四 部 分

16. 这段话问的是今天星期几。我们听到"明天是星期六，我和爸爸去看电影"，"明天是星期六"是："Tomorrow is Saturday."所以今天是星期五。正确答案是 A。

17. 这段话问的是张小姐在做什么。我们听到"你看见了吗？张小姐坐在椅子上喝茶呢"，"喝茶"是 drink tea。正确答案是 A。

18. 这段话问的是他想在哪儿吃饭。我们听到"我不想去饭馆儿，我会做饭，我们在家吃饭，好吗？""我们在家吃饭，好吗"对应的英文是："We eat at home, ok?"男的想在家吃饭，不想出去吃饭。正确答案是 B。

19. 这段话问的是他的同学现在多大，我们听到"他是我的同学，下个月十三日他二十四岁"，"下个月十三日他二十四岁"对应的英文是：He will be 24 years old next month on the 13th. 他的同学下个月 24 岁，所以他现在 23 岁。正确答案是 B。

20. 这段话问的是小猫喜欢吃什么。我们听到"我家的小猫喜欢吃米饭，不喜欢吃菜和水果"。"米饭"是 rice。正确答案是 C。

65

二、阅 读

第 一 部 分

	图片	文本	意思	答案
21		bēizi 杯子	cup	×
22		yīfu 衣服	clothes	✓
23		shuì jiào 睡 觉	sleep	✓
24		mǐfàn 米饭	rice	×
25		lěng 冷	cold	×

第 二 部 分

26. 文本是:"下午我和儿子去医院看医生了。""看医生"是 see a doctor,图片 D 上是一个医生在给孩子看病。正确答案是 D。

27. 文本是:"工作的时候,她喜欢喝茶。""喝茶"是 drink tea,图片 A 上是一个女人在边工作边喝茶。正确答案是 A。

28. 文本是:"我开车去商店买东西。""开车"是 drive,图片 F 上是一个女人正在开车。正确答案是 F。

29. 文本是:"女儿今天十岁了。"这个句子对应的英文是:"Today, my daughter is ten years old."图片 B 上是一个生日蛋糕。正确答案是 B。

30. 文本是:"下午朋友们来我家学习。""学习"是 study,图片 C 上是几个人在一起看书学习。正确答案是 C。

第 三 部 分

31. 左边的文本是:"上午你去哪儿了?"这个句子对应的句子是:"Where did you go this morning?"问的是地点,右边的文本中只有"医院(hospital)"是地点。正确答案是 D。

32. 左边的文本是:"请在这儿写你的汉语名字。"这个句子对应的英文是:"Please write down your Chinese name here."这个句子表示请别人做一件事,可以作为回答的句子是"对不起,我不会写"。正确答案是 B。

33. 左边的文本是:"你什么时候能来?""什么时候"是 when,问的是时间,右边的文本中只有"下午六七点"是表示时间的。正确答案是 C。

34. 左边的文本是:"我想回家了,明天见。""明天见"是:"See you tomorrow."这是和别人再见时说的话,和它对应的句子是"再见"。正确答案是 A。

35. 左边的文本是:"这本书多少钱?""多少钱"是 how much,问的是价钱,右边的文本表示钱的只有"39 块"。正确答案是 E。

第 四 部 分

36. "王先生后面的那个人是谁?你（　　）吗?"第二个句子没有谓语,可以加动词或形容词,选项中 A 是动词,C 是形容词,根据文意,C 不对。正确答案是 A。

37. "今天下雨了,天气不太（　　）。""太"后面通常接形容词,上半句说"今天下雨了",说明现在天气不太热了。正确答案是 C。

38. "坐出租车 15（　　）能到火车站。"数词后面通常接量词,题目说的是坐出租车到火车站的时间。正确答案是 B。

39. "你买的这个（　　）很漂亮,谢谢你。"代词后面可以接名词。正确答案是 F。

40. "这个饭店的菜（　　）?"这个句子中缺少疑问代词,对应下一句中的"很好",说明对方问的是菜怎么样。正确答案是 E。

HSK（一级）全真模拟试题（第4套）题解

一、听 力

第 一 部 分

	图片	文本	意思	答案
1		gōngzuò 工作	work	√
2		xià yǔ 下雨	rain	√
3		diànshì 电视	television	×
4		shí diǎn 十点	ten o'clock	√
5		chūzūchē 出租车	taxi	×

第 二 部 分

6. 听力文本是:"中午我想在家睡觉。""睡觉"是 sleep,图片 A 上的人在睡觉。正确答案是 A。

7. 听力文本是:"我儿子 22 岁了,在北京读书。""我儿子 22 岁了"对应的英文是:"My son is 22 years old."图片 B 上是一个 20 岁左右的男孩儿。正确答案是 B。

8. 听力文本是:"这儿的书太少了。""少"是 few,图片 A 上有三本书,B 上有一本书,C 上有五本书,所以 B 上的书最少。正确答案是 B。

9. 听力文本是:"椅子上的衣服是爸爸的。"这句话对应的英文是:"The coat on the chair is my father's."图片 C 中椅子上面有件衣服。正确答案是 C。

10. 听力文本是:"这个菜很好,你吃吗?""菜"是 dish,图片 A 上是一盘菜。正确答案是 A。

第 三 部 分

11. 男的问女的昨天上午做了什么,女的说她和小狗去买东西了。"狗"是 dog,图片 D 上是一个女人和一条狗。正确答案是 D。

12. 女的说"桌子上什么都没有","桌子上什么都没有"对应的英文是:"There is nothing on the table."图片 F 上是一张没有东西的桌子。正确答案是 F。

13. 男的问女的想不想喝水,女的说"好的,我喝一杯,谢谢"。"我喝一杯"对应的英文是:"I'll drink a glass of water."图片 A 上是一个女人在喝水。正确答案是 A。

14. 女的问男的衣服怎么样。"衣服"是 clothes，图片 B 上是一个女人拿着一件衣服。正确答案是 B。

15. 男的问女的想买什么水果，女的说想买苹果。"苹果"是 apple，图片 E 上是一个女人拿着苹果。正确答案是 E。

第 四 部 分

16. 这段话问的是他的同学怎么样。我们听到"我在中国学习汉语，我有十八个同学，他们都很好"，说话人介绍了他的同学，说"他们都很好"，这句话对应的英文是："They are good."正确答案是 B。

17. 这段话问的是他想做什么。我们听到"妈妈，我去学校看书，不回家吃饭了，再见"。"去学校看书"是 go to school for reading，所以他想去学校。正确答案是 C。

18. 这段话问的是时间。我们听到"我在北京住三天，下星期一回来"，"下星期一回来"是 return/get back next Monday。正确答案是 A。

19. 这段话问的是这本书多少钱。我们听到"这本书二十六块钱"，选项 A "十六"和选项 B "二十"，听力文本中没有提到。正确答案是 C。

20. 这段话问的是时间。我们听到"喂，你几点来火车站？我们坐的是八点零五分的火车"。选项 A 和选项 C 听力文本中没有提到。正确答案是 B。

二、阅 读

第 一 部 分

图片	文本	意思	答案
21	tīng 听	listen	√
22	hē chá 喝 茶	drink tea	×
23	xiě 写	write	√
24	shuǐguǒ 水果	fruit	×
25	gāoxìng 高兴	happy	√

第 二 部 分

26. 文本是:"王医生在工作呢。""医生"是 doctor,图片 A 上是一个医生在给小孩儿看病。正确答案是 A。

27. 文本是:"开车的时候不能打电话。"这句话对应的英文是:"Don't talk on the phone while you are driving."图片 F 上是一个女人一边开车一边打电话。正确答案是 F。

28. 文本是:"他们三个都是我的学生。"这句话对应的英文是:"The three men are my students."图片 D 上有三个孩子在看书。正确答案是 D。

29. 文本是:"我很爱我的妈妈。"这句话对应的英文是:"I love mother very much."图片 C 上是一个女孩儿和她妈妈。正确答案是 C。

30. 文本是:"明天我坐飞机去看张先生。""飞机"是 plane,图片 B 上是一个飞机。正确答案是 B。

第 三 部 分

31. 左边的文本是:"你会写汉字吗?"别人问"你会……吗"的时候应该回答"会"或"不会",所以右边对应的文本是:"会写一些。"正确答案是 E。

32. 左边的文本是:"哪个电脑是你的?""哪个"是 which one,回答这种问题时一般使用"这个"或者"那个",所以右边对应的文本是:"大的那个。"正确答案是 A。

33. 左边的文本是:"下午你和谁去商店?"问的是谁,回答应该是某个人,右边对应的文本是:"王老师。"正确答案是 B。

34. 左边的文本是:"我叫李文,很高兴认识你。""我叫……"是 my name is...,和它对应的文本是:"我叫张东。"正确答案是 C。

35. 左边的文本是:"学校前面有饭馆儿吗?"别人问"有……吗"的时候,应该回答"有"或"没有"。正确答案是 D。

第 四 部 分

36. "你说的那个学校在我家(　　　)。""在"后面可以接方位名词。正确答案是 B。

37. "女儿(　　　)了 50 分钟电视,妈妈不高兴了。"这个句子中缺少谓语动词,"电视"通常和"看"连用。正确答案是 E。

38. "今天天气很(　　　),她没来学校。""很"后面可以接形容词。正确答案是 F。

39. "谢谢你(　　　)我去医院,我现在好多了。""你"、"我"之间可以用介词"和"连接,有"跟"的意思。正确答案是 C。

40. "李小姐,对不起,我不能去买电脑了,家里来了个朋友。"别人说"对不起"时,我们应该回答"没关系"。正确答案是 A。

HSK（一级）全真模拟试题（第5套）题解

一、听　力

第 一 部 分

	图片	文本	意思	答案
1		yīfu 衣服	clothes	×
2		yǐzi 椅子	chair	×
3		zuò fēijī 坐飞机	by plane	×
4		hěn lěng 很冷	very cold	✓
5		chī 吃	eat	✓

第 二 部 分

6. 听力文本是:"现在五点十五分。"图片 A 上是5:15。正确答案是 A。

7. 听力文本是:"她在出租车上。"对应的英文是:"She is in the taxi."图片 C 上是一个人在出租车上。正确答案是 C。

8. 听力文本是:"他女儿是大学生。"对应的英文是:"His daughter is an university student."图片 B 是女大学生。正确答案是 B。

9. 听力文本是:"小猫很漂亮。""小猫"是 kitten,图片 B 上是小猫。正确答案是 B。

10. 听力文本是:"喂,你在家吗?"对应的英文是:"Hello, are you at home?"这是打电话时说的话,图片 C 上是一个女人在打电话。正确答案是 C。

第 三 部 分

11. 女的说那个人"是我妈妈同学的女儿。""女儿"是 daughter,图片 B 上是一个女孩儿。正确答案是 B。

12. 女的问男的昨天做什么了,男的说他在家看书。"看书"是 read a book,图片 F 上是一个男的在看书。正确答案是 F。

13. 女的认为男的做的菜很好吃。"好吃"是 delicious,这是吃饭时说的话,图片 A 上是女的在吃饭。正确答案是 A。

14. 男的告诉女的医院在饭馆儿的后面。"医院"是 hospital,图片 E 上是医院。正确答案是 E。

15. 男的问女的这些钱是不是她的。"钱"是 money,图片 D 上有很多钱。正确答案是 D。

第 四 部 分

16. 这段话问的是什么时候。我们听到"我爸爸下星期去北京"。"下星期"是 next week。正确答案是 C。

17. 这段话问的是怎么去医院。我们听到"下雨了，我想坐出租车去医院"。"坐出租车"是 take a taxi。正确答案是 C。

18. 这段话问的是天气怎么样。我们听到"天气太冷，多穿些衣服"。"天气太冷"的英文是："It's really cold."正确答案是 B。

19. 这段话问的是小猫几岁。我们听到"我的小猫今年七岁了"。"七岁"是 seven years old。正确答案是 B。

20. 这段话问的是他想看什么。我们听到"我不想看电影，我想看电视"。"看电视"是 watch TV。正确答案是 A。

二、阅 读

第 一 部 分

	图片	文本	意思	答案
21		gōngzuò 工作	work	✓
22		huǒchē 火车	train	✓
23		érzi 儿子	son	✗
24		shū 书	book	✗
25		qián 钱	money	✗

第 二 部 分

26. 文本是："你好，认识你我很高兴。"对应的英文是："Nice to meet you!"这是人们见面时说的话，图片 D 上是两个人见面。正确答案是 D。

27. 文本是："她的衣服太漂亮了!""衣服"是 clothes，图片 F 上是女的和衣服。正确答案是 F。

28. 文本是："桌子上面有两个苹果。""两个苹果"是 two apples，图片 A 上是两个苹果。正确答案是 A。

29. 文本是："他写了三十分钟的字。""写字"是 write，图片 C 上是一个人在写字。正确答案是 C。

30. 文本是："杯子里没有水。"对应的英文是："There is no water in the cup."图片 B 上是杯子，里面没有水。正确答案是 B。

第 三 部 分

31. 左边的文本是："你下午能来吗?"回答常常是"能"或"不能"。右边对应的文本是："我不能去了。"正确答案是 E。

32. 左边的文本是："我写的字怎么样?"右边的答句中只有"太漂亮了"说的是怎么样。正确答案是 D。

33. 左边的文本是："他在学汉语吗?"回答常常是"是的"、"不是"或者"还没有"。右边对应的文本是"还没有"。正确答案是 B。

34. 左边的文本是："你看什么时候的电影?"问的是时间，右边的答句中只有"下午三点的"说的是时间。正确答案是 C。

35. 左边的文本是："喂，小钱在家吗?"回答常常是"在"或"不在"。右边对应的文本是："他现在不在。"正确答案是 A。

第四部分

36. "儿子今天回家吃饭,我去买( )。""买"后面缺少宾语,和上半句"儿子今天回家吃饭"对应,应该是"买菜"。正确答案是F。

37. "我想明年去中国( )。"这个句子中缺少谓语动词,"去+地点+动词"表示去什么地方做什么事,"去中国学习"最好。正确答案是E。

38. "桌子上的书我都( )了。"这个句子中缺少谓语动词,"看书"是一个固定用法。正确答案是A。

39. "五百( ),谢谢!""数词+量词"构成数量短语,上一句问"多少钱?"回答应该是"五百+表示钱的量词(块/元等)"。正确答案是C。

40. 上一句"八点了,我回家了,明天再来",这是跟别人告别,回答时应该说"再见"。正确答案是B。

HSK（一级）全真模拟试题（第6套）题解

一、听　力

第 一 部 分

	图片	文本	意思	答案
1		diànhuà 电话	telephone	✗
2		yīshēng 医生	doctor	✗
3		mǎi shuǐguǒ 买　水果	buy fruit	✗
4		zuò fàn 做饭	cook	✓
5		qǐng zuò 请　坐	Sit down, please.	✓

第 二 部 分

6. 听力文本是："我会做饭。"对应的英文是："I can cook."图片 B 上是一个人在做饭。正确答案是 B。

7. 听力文本是："星期六我工作。""工作"是 work，图片 A 上是很多人在工作。正确答案是 A。

8. 听力文本是："她在打电话呢。""打电话"是 make a phone call，图片 A 上是一个人在打电话。正确答案是 A。

9. 听力文本是："我们中午去那个饭馆儿了。"对应的英文是："We went to that restaurant at noon."去饭馆儿一般是去吃饭，图片 C 上是很多人在一起吃饭。正确答案是 C。

10. 听力文本是："杯子前面有一本书。""书"是 book，图片 B 上是一本书。正确答案是 B。

第 三 部 分

11. 女的说那个人是她的老师。"老师"是 teacher，图片 F 上是一个老师。正确答案是 F。

12. 男的说他是坐飞机来北京的。"飞机"是 plane，图片 D 上是飞机。正确答案是 D。

13. 男的问女的杯子是不是她的。"杯子"是 cup，只有图片 A 上出现了杯子。正确答案是 A。

14. 女的问男的年龄，男的回答 25 岁。图片 B 上是一个男人，25 岁左右。正确答案是 B。

15. 男的问女的电影怎么样，说明他们可能正在看电影。正确答案是 E。

第 四 部 分

16. 这段话问的是今天几号。我们听到"今天是七月十四日"，"七月十四日"是 July 14。正确答案是 B。

17. 这段话问的是这个商店怎么样。我们听到"这个商店很大，人很多"，对应的英文是："This shop is very big and crowded."正确答案是 C。

18. 这段话问的是有什么。我们听到"桌子上有几个杯子"，对应的英文是："There are a few of cups on the table."正确答案是 A。

19. 这段话问的是什么时候。我们听到"妈妈说六点能回家"，"六点"是 six o'clock。正确答案是 B。

20. 这段话问的是谁。我们听到"他们在听老师说话"，对应的英文是："They are listening to the teacher."正确答案是 C。

二、阅 读

第 一 部 分

	图片	文本	意思	答案
21		xuéshēng 学生	student	√
22		kāi 开	drive	×
23		zài xuéxiào 在 学校	at school	×
24		mǎi 买	buy	√
25		shuǐ 水	water	√

第 二 部 分

26. 文本是："她坐在车上。"对应的英文是："She sat in the car." 图片 D 上是一个女人坐在车上。正确答案是 D。

27. 文本是："王医生，这是我的女儿。"对应的英文是："Doctor Wang, This is my daughter." 图片 C 上是一个医生和一个小女孩儿。正确答案是 C。

28. 文本是："茶很热，现在不能喝。""茶"是 tea，图片 B 上是一个人在往茶杯里倒茶。正确答案是 B。

29. 文本是："对不起，我不会写这个字。""写字"是 write，图片 F 上是一个人在写字。正确答案是 F。

30. 文本是："她的儿子今年四岁了。"对应的英文是："Her son is four years old now." 图片 A 上是一个四岁的小男孩儿。正确答案是 A。

第 三 部 分

31. 左边的文本是："儿子去哪儿了？"问的是地点。右边只有 E 中"学校"表示地点。正确答案是 E。

32. 左边的文本是："你想和谁去北京？"问的是人。右边只有 D 中"朋友"表示人。正确答案是 D。

33. 左边的文本是："明天天气怎么样？"问的是怎么样。右边的答句中只有"不太冷"是回答怎么样的，而且是说天气。正确答案是 B。

34. 左边的文本是："他什么时候来的？"问的是时间。右边只有 A"上个月"表示时间。正确答案是 A。

35. 左边的文本是："这些东西多少钱？"问的是钱数。右边的答句中只有"八十块"表示钱数。正确答案是 C。

第 四 部 分

36. "那个（　　）很好，我想明天去看。"指示代词"那个"可以接名词，"看"常常和"书"、"电影"搭配。正确答案是 F。

37. "他没在（　　）我说话。"这个句子中缺少谓语动词，谓语动词后面是"我说话"，所以应该填"听"。正确答案是 A。

38. "他妈妈是老师，星期天不（　　）。""不"后面通常接形容词或动词，星期天妈妈"不工作"。正确答案是 E。

39. "（　　），我不打了。"男的说这里不能打电话，这可能是一条规定，女的违反了规定，因此应该道歉。正确答案是 B。

40. "那（　　）书你买了吗？""书"前面缺少量词"本"。正确答案是 C。

HSK（一级）全真模拟试题（第7套）题解

一、听　力

第 一 部 分

	图片	文本	意思	答案
1		diànhuà 电话	telephone	√
2		kàn diànyǐng 看　电影	see a movie	√
3		zhōngwǔ 中午	noon	×
4		dú shū 读 书	read a book	×
5		Hànyǔshū 汉语书	Chinese book	√

第 二 部 分

6. 听力文本是:"小猫在那儿睡觉呢。""小猫"的英文是 kitten,"睡觉"的英文是 sleep,图片 B 上是一只小猫在睡觉。正确答案是 B。

7. 听力文本是:"妈妈叫我们回去了,再见。""再见"的英文是 bye,图片 A 上是两个人走了。正确答案是 A。

8. 听力文本是:"那个人是我的汉语老师。""老师"的英文是 teacher,图片 C 上是一个老师。正确答案是 C。

9. 听力文本是:"下了三天雨了,天气很冷。""下雨"的英文是 rain,"冷"的英文是 cold,图片 A 上的人打着伞,看上去有点儿冷。正确答案是 A。

10. 听力文本是:"今天妈妈和我在家做饭。""做饭"的英文是 cook dinner,图片 A 上是妈妈和女儿在做饭。正确答案是 A。

第 三 部 分

11. 男的问女的时间,女的回答"现在十点零九分"。正确答案是 B。

12. 男的不想吃苹果,想喝水。"水"的英文是 water,图片 F 上是一杯水。正确答案是 F。

13. 女的说她是坐出租车去火车站的。"出租车"的英文是 taxi,图片 A 上是一个女人坐在出租车里。正确答案是 A。

14. 女的在找王医生。"医生"的英文是 doctor,图片 D 上是一个医生。正确答案是 D。

15. 男的问:"爸,妈,你们能看见我吗?"女的回答:"儿子,妈妈看见你了!"这很可能是儿子和爸妈在用电脑聊天,图片 E 上是一个男人在对着电脑说话。正确答案是 E。

第 四 部 分

16. 这段话问的是时间。我们听到"他学了四年汉语了",对应的英文是:"He's learned Chinese for four years."正确答案是 A。

17. 这段话问的是工作地点。我们听到"小天的爸爸在医院工作",对应的英文是:"Xiaotian's father works in a hospital."正确答案是 C。

18. 这段话问的是计划。我们听到"下个月我想去学开车",对应的英文是:"Next month I want to learn how to drive."正确答案是 A。

19. 这段话问的是小猫怎么了。我们听到"小猫不高兴,中午没吃饭",对应的英文是:"The cat was not happy because it didn't eat at noon."正确答案是 B。

20. 这段话问的是人。我们听到"我和妈妈都看见高老师了",对应的英文是:"My mother and I saw Teacher Gao."正确答案是 B。

二、阅 读

第 一 部 分

	图片	文本	意思	答案
21		xuéxí 学习	study	✓
22		xiānshēng 先生	Mr.	✗
23		tóngxué 同学	classmate	✓
24		shāngdiàn 商店	shop	✗
25		kàn 看	look	✗

第 二 部 分

26. 文本是:"我们喜欢看电视的时候吃东西。"对应的英文是:"We like to eat somethings while watching TV."图片 B 上是一个人在弄吃的东西,一个人拿着遥控器(remote),他们边看电视边吃东西。正确答案是 B。

27. 文本是:"桌子上有米饭和菜。""米饭和菜"的英文是 rice and vegetables,图片 D 上是米饭和菜。正确答案是 D。

28. 文本是:"我的小学同学现在是老师了。""老师"的英文是 teacher,图片 F 上是一个老师。正确答案是 F。

29. 文本是:"星期天她一个人去学校了。"对应的英文是:"She went to school alone this Sunday."图片 A 上是一个女学生,拿着本子和书,背着书包去学校。正确答案是 A。

30. 文本是:"火车站今天人不多。"对应的英文是:"There are few people at the railway station."图片 C 上是火车站,站上没什么人。正确答案是 C。

第 三 部 分

31. 左边的文本是:"这些字你能不能看见?"问的是能不能。右边对应的文本应该是:"我能。"正确答案是 A。

32. 左边的文本是:"你家住在几号?"问的是号码。右边的答句中只有"28 号"回答的是号码。正确答案是 E。

33. 左边的文本是:"那个人是谁?"问的是认不认识某人。右边和它对应的文本应该是:"我不认识。"正确答案是 B。

34. 左边的文本是:"喂,你现在在做什么呢?"问的是做的事情。右边 D 句"我在做饭呢"表示正在做事情。正确答案是 D。

35. 左边的文本是:"这是在哪儿买的?"问的是地点。右边 C 句中"商店"表示地点是:"在商店买的。"正确答案是 C。

第 四 部 分

36. "火车站（　　）有一个很大的饭店。""处所名词＋方位名词"组成方位短语，表示地方，选项中只有 A 是方位名词。正确答案是 A。

37. "（　　）一天吃一个，不能多吃。"这个句子中缺少主语，主语通常是名词，这个词还可以和"吃"搭配，所以是"水果"。正确答案是 F。

38. "我喜欢中午睡三十（　　）觉。"这个句子中缺少表示时间的量词。"分钟"表示时间。正确答案是 C。

39. "这个星期她想（　　）在家里。""在家里"这一介词短语前面缺少一个谓语动词。"住"是一个动词，常常是"住在＋地方"。正确答案是 E。

40. "你的学生（　　）喜欢你。""喜欢"前面可以用副词，选项中只有"都"是副词。正确答案是 B。

HSK（一级）全真模拟试题（第8套）题解

一、听　力

第 一 部 分

	图片	文本	意思	答案
1	2011	2011	2011（year）	√
2		hěn rè 很 热	very hot	×
3		wǒ hé bàba 我 和 爸爸	daddy and I	√
4		shí kuài qián 十 块 钱	ten yuan	√
5		huǒchēzhàn 火车站	railway station	×

第 二 部 分

6. 听力文本是:"现在是上午四点五十分。""四点五十分"是 4:50,图片 B 上是 4:50。正确答案是 B。

7. 听力文本是:"她很高兴。"对应的英文是:"She is very happy."图片 A 上的人很高兴。正确答案是 A。

8. 听力文本是:"今天天气太冷了!"对应的英文是:"It's very cold today."图片 A 是冬天(winter),天气很冷。正确答案是 A。

9. 听力文本是:"他昨天是坐飞机来这儿的。"对应的英文是:"He arrived by air yesterday."图片 C 上是飞机。正确答案是 C。

10. 听力文本是:"我下午想看电影。"对应的英文是:"I want to see the movie in the afternoon."图片 B 上是两个人在看电影。正确答案是 B。

第 三 部 分

11. 男的问办公室在哪儿,女的回答"在前面"。图片 E 上是一个人在指路。正确答案是 E。

12. 女的提问时使用了"喂","喂"是打电话(make a phone call)时的常用词,图片 B 上是女的在打电话。正确答案是 B。

13. 男的问女的认不认识那些人,女的回答"认识,他们是我的学生"。"学生"是 student,图片 F 上是很多学生。正确答案是 F。

14. 女的问男的坐哪天的火车回家,男的回答"明天"。"火车"是 train,图片 A 上是火车。正确答案是 A。

15. 女的说爸爸不是医生，妈妈是。"医生"是 doctor，图片 D 上是一个女医生。正确答案是 D。

第 四 部 分

16. 这段话问的是电话号码（telephone number）。我们听到"我的电话是三六二九"。正确答案是 A。

17. 这段话问的是时间。我们听到"现在是九月七日九点零七分"，"九月七日九点零七分"是 at 9：07，on September 7。正确答案是 C。

18. 这段话问的是他们要去哪里。我们听到"我们去饭馆儿吃中国菜吧"，"饭馆儿"的英文是 restaurant。正确答案是 B。

19. 这段话问的是谁是老师。我们听到"她是我朋友的女儿，……她是老师"，也就是说"我朋友的女儿是老师"。正确答案是 C。

20. 这段话问的是时间。我们听到"下星期一回来"，"下星期一"是 next Monday。正确答案是 C。

二、阅 读

第 一 部 分

	图片	文本	意思	答案
21		yǐzi 椅子	chair	√
22		yīyuàn 医院	hospital	×
23		chī fàn 吃饭	eat	×
24		xiǎo gǒu 小 狗	dog	×
25		chūzūchē 出租车	taxi	×

第 二 部 分

26. 文本是："他在喝水呢。"对应的英文是："He is drinking water."图片 F 上有一杯水。正确答案是 F。

27. 文本是："这些水果多少钱?""水果"是 fruit，图片 D 上是很多水果。正确答案是 D。

28. 文本是："我的女儿很喜欢猫。""猫"是 cat，图片 B 上是猫。正确答案是 B。

29. 文本是："星期六下午她和朋友去商店买衣服。""买衣服"是 buy clothes，图片 C 上是商店里有很多衣服。正确答案是 C。

30. 文本是："学校里有很多学生。"对应的英文是："There are a lot of students in the school."图片 A 上是很多学生。正确答案是 A。

第 三 部 分

31. 左边的文本是："你什么时候去北京?"问的是时间。右边只有 E "下个月"表示时间。正确答案是 E。

32. 左边的文本是："谢谢你昨天来看我。"右边的答句中，"不客气"常常用来回答"谢谢"。正确答案是 B。

33. 左边的文本是："你儿子汉语怎么样?"问"……怎么样"回答常常是"很好"、"不太好"或者"不好"。右边对应的文本是："很好。"正确答案是 A。

34. 左边的文本是："那个男医生叫什么名字?"问的是名字，右边的答句中只有"张天雨"是名字。正确答案是 D。

35. 左边的文本是："你喜欢吃什么菜啊?"问的是吃什么菜，右边只有 C "中国菜"和问的内容有关。正确答案是 C。

第 四 部 分

36. "坐火车几个（　　）能到上海?" "几个"后面应该是时间，答句说"五个小时"，那么问题里也应该是"小时"。正确答案是 A。

37. "我（　　）了苹果，你想吃一个吗?" 这个句子中缺少谓语动词，在选项中，只有"买"是动词，可以说"买苹果"。正确答案是 E。

38. "我哥哥打电话说他（　　）回家。" 动词"回"前面可以用时间词"明天"。正确答案是 F。

39. "老师，这个汉字（　　）写?" 这是一个问句，动词"写"前面要用一个疑问词，"怎么写"可以问写的方法。正确答案是 B。

40. "我女儿会说'妈妈'了！我好（　　）!" 女儿会叫妈妈，妈妈一定很高兴。"好高兴"意思是"很高兴"。正确答案是 C。

HSK（一级）全真模拟试题（第9套）题解

一、听　力

第 一 部 分

	图片	文本	意思	答案
1		sān běn shū 三 本 书	three books	×
2		huí jiā 回 家	go home	√
3		diǎn 4 点 15	4：15	×
4		lǎoshī hé xuésheng 老师 和　学生	teacher and students	√
5		zuò fàn 做 饭	cook dinner	√

第 二 部 分

6. 听力文本是："妈妈买的苹果太少了。""苹果"是 apple，图片 B 上是一个苹果。正确答案是 B。

7. 听力文本是："他的爸爸是医生。"对应的英文是："His father is a doctor."图片 A 上的男人是医生。正确答案是 A。

8. 听力文本是："你好，请喝茶。"对应的英文是："Hi, Drink some tea, please."图片 C 上是茶。正确答案是 C。

9. 听力文本是："这个电脑多少钱?"对应的英文是："How much is this computer?"图片 C 上是电脑。正确答案是 C。

10. 听力文本是："那是儿子的小狗。"图片 A 上有一只小狗。正确答案是 A。

第 三 部 分

11. 男的说他在和朋友打电话。"打电话"是 give sb. a call，图片 E 上是一个男的在打电话。正确答案是 E。

12. 女的说她昨天晚上在飞机上睡的觉。"在飞机上睡的"意思是 sleep on the plane，图片 A 上是一架飞机。正确答案是 A。

13. 女的认为北京的饭馆儿做的菜很好吃。"北京的饭馆儿……菜很好吃"是："Food is tasty in Beijing's restaurant."图片 F 上是中国菜。正确答案是 F。

14. 女的问男的椅子上的书是不是他的。"椅子上的书"是 the book on the chair，图片 D 的椅子上有一本书。正确答案是 D。

15. 男的打算明天坐汽车去上班。图片 B 上是男的坐在车里。正确答案是 B。

第 四 部 分

16. 这段话问的是年纪。我们听到"她今年五岁了","五岁"的英文是 five years old。正确答案是 B。

17. 这段话问的是地方。我们听到"你们要吃中国菜吗",这种问话方式一般是饭馆儿的服务员使用。正确答案是 A。

18. 这段话问的是买什么。我们听到"我要去商店买杯子"。"杯子"的英文是 cup。正确答案是 C。

19. 这段话问的是时间。我们听到"我们是 2008 年在火车站认识的",可以知道时间是 2008 年。正确答案是 C。

20. 这段话问的是米饭怎么样。我们听到"米饭太多了",英文是:"Rice is too much."正确答案是 B。

二、阅　读

第 一 部 分

	图片	文本	意思	答案
21		shàng 上	upward	√
22		shuǐ 水	water	×
23		xuéxiào 学校	school	√
24		yīfu 衣服	clothes	√
25		dú shū 读 书	read a book	×

第 二 部 分

26. 文本是："王老师家的小猫很漂亮。"对应的英文是："Mr. Wang's cat is pretty."图片 B 上是小猫。正确答案是 B。

27. 文本是："老李在医院呢，没有去看电影。""在医院"是 in the hospital，图片 F 上是一个人在医院。正确答案是 F。

28. 文本是："10 点了，张小姐来了吗？"这句话的意思是看时间，问一个人来了没有。图片 A 上是一个人在看手表（look at his watch）。正确答案是 A。

29. 文本是："这是我妈妈，她在爸爸后面。""妈妈……在爸爸后面"是："My mom stood behind my dad."图片 C 上有一个男人和一个女人，男人在女人后面。正确答案是 C。

30. 文本是："儿子学习很好，老师很喜欢他。"英文是："My son studies well, his teacher likes him very much."图片 D 上是一个老师和一个男孩子。正确答案是 D。

第 三 部 分

31. 左边的文本是："对不起。"我们常常用"没关系"来回答。正确答案是 E。

32. 左边的文本是："明天天气怎么样？"回答怎么样，常常是"很好"、"不太好"或者"不好"。在右边的答句中，"不太好"可以回答"天气怎么样"。正确答案是 D。

33. 左边的文本是："你喜欢什么水果？"应该用水果的名字回答，右边对应的文本是："我喜欢苹果。"正确答案是 C。

34. 左边的文本是："你电脑里有电影吗？"问"有……吗"应该用"有"或者"没有"来回答。右边对应的文本是："有，很多。"正确答案是 A。

35. 左边的文本是:"这是谁的东西?"问的是人,右边对应的应该是"是张先生的"。正确答案是 B。

第 四 部 分

36. "我（　）我的爸爸妈妈。""我"和"我的爸爸妈妈"中间少一个谓语动词,合适的动词是"爱"。正确答案是 E。

37. "他是（　）出租车的。"这个句子缺少一个谓语动词,可以说"开出租车"。正确答案是 F。

38. "（　）,你好,王云在家吗?""喂"可以放句子前面,表示招呼对方,打电话时常用。正确答案是 A。

39. "你是哪（　）人?"答句是"我是新加坡人"。所以问句应该是"你是哪国人"。正确答案是 C。

40. "这本书（　）钱?"答句是"38 块钱"。所以应该是问"多少钱"。正确答案是 B。

HSK（一级）全真模拟试题（第 10 套）题解

一、听　力

第 一 部 分

	图片	文本	意思	答案
1		mǎi dōngxi 买 东西	shopping	×
2		kāi chē 开 车	drive	√
3		dú shū 读 书	read	×
4		qǐng hē chá 请 喝 茶	please drink some tea	√
5		māma hé nǚ'ér 妈妈 和 女儿	mother and daughter	√

第 二 部 分

6. 听力文本是："他爸爸在医院工作。""医院"是 hospital，所以他的爸爸可能是医生（doctor），图片 C 上是一个医生。正确答案是 C。

7. 听力文本是："办公室里的人太多了。"对应的英文是："There are too many people in the office."图片 B 上是办公室。正确答案是 B。

8. 听力文本是："桌子上的书是我的。"对应的英文是："The book on the table is mine."图片 C 上是一本书在桌子上。正确答案是 C。

9. 听力文本是："妈妈在做饭。"对应的英文是："My mom is cooking."图片 A 上是一个女的在做饭。正确答案是 A。

10. 听力文本是："请在这儿写你的名字。"对应的英文是："Please write your name here."图片 C 是一个人在写字。正确答案是 C。

第 三 部 分

11. 男的问女的住在哪儿，女的回答"我住在学校里面"。"住在学校里面"是 live in the campus，图片 F 上是一个背着书包的学生。正确答案是 F。

12. 男的说他不喜欢吃米饭，喜欢吃菜。"不喜欢吃米饭"的意思是："I don't like to eat rice."图片 D 上是米饭。正确答案是 D。

13. 男的问女的杯子的价格。"杯子"是 cup。图片 B 上是杯子。正确答案是 B。

14. 男的说坐公共汽车去火车站。"公共汽车"是 bus，图片 E 上是公共汽车。正确答案是 E。

15. 男的在问桌子上的汉语书是谁的。"桌子上的汉语书"是 Chinese book on the table。图片 A 上是一本汉语书放在桌子上。正确答案是 A。

第 四 部 分

16. 这段话问的是时间。我们听到"她三个月前去了中国","三个月"的英文是 three months。正确答案是 A。

17. 这段话问的是干什么。我们听到"买点儿水果","买水果"的英文是 buy some fruits。正确答案是 C。

18. 这段话问的是时间。我们听到"今天星期五,明天我们去看电影","今天星期五",明天就是"星期六"。正确答案是 B。

19. 这段话问的是数量(amount)。我们听到"他上午和下午都会吃一个苹果","上午一个"、"下午一个",就是一天吃两个。正确答案是 A。

20. 这段话问的是和谁去买衣服。我们听到"我和妈妈去买衣服"。正确答案是 B。

二、阅 读

第 一 部 分

	图片	文本	意思	答案
21		kàn shū 看 书	read a book	√
22		lǎoshī 老 师	teacher	×
23		māo 猫	cat	×
24		lěng 冷	cold	√
25		fànguǎnr 饭馆儿	restaurant	×

第 二 部 分

26. 文本是:"她在打电话。"对应的英文是:"She is making a phone call."图片 D 上是一个女的在打电话。正确答案是 D。

27. 文本是:"你认识这两个字吗?"图片 B 上是两个汉字。正确答案是 B。

28. 文本是:"爸爸妈妈都在北京工作,他们都是医生。""爸爸妈妈……都是医生"意思是:"My parents are both doctors."图片 A 上是一个男医生和一个女医生。正确答案是 A。

29. 文本是:"我想喝点儿水。""喝水"是 drink water。图片 F 上是一杯水。正确答案是 F。

30. 文本是:"我是在那个学校学的汉语。"英文是:"I learned Chinese language in that school."图片 C 上是学生在写汉字。正确答案是 C。

第 三 部 分

31. 左边的文本是:"你们那儿天气怎么样?"回答天气,常常是"好"、"不好"或者是"冷"、"热"等,右边对应的文本应该是:"我们这儿很冷。"正确答案是 A。

32. 左边的文本是:"哪儿能买水果?"这个问题是问地方。"学校前面的商店"是一个可以买水果的地方。正确答案是 E。

33. 左边的文本是:"坐在车里的那个人是谁?"问的是人。右边对应的文本应该是:"是爸爸的朋友。"正确答案是 D。

34. 左边的文本是:"我妈妈下个月来中国看我。"这是一个好消息(good news),所以应该用表示高兴的句子来回答。右边对应的文本应该是:"太好了。"正确答案是 B。

35. 左边的文本是:"哪个杯子是你的?"右边对应的文本应该是:"小的那个。"正确答案是 C。

第 四 部 分

36. "坐飞机 50（　　）能到北京。""50"后面应该是"小时"或"分钟"这样表示时间的词。正确答案是 C。

37. "很多人（　　）吃中国菜。"可以说"喜欢吃中国菜"。正确答案是 F。

38. "（　　）你来北京看我。"朋友"来看我",常常会对朋友说"谢谢"。正确答案是 E。

39. "你看见我的汉语书了吗?"答句是:"在（　　）上。"应该是某个地方,可以说"在桌子上"。正确答案是 A。

40. "你每天几点（　　）?"答句是:"晚上 10 点"。晚上 10 点可能是"睡觉"的时间。正确答案是 B。

北大版新HSK应试辅导丛书

Papers with Solutions

SAMPLE TEST FOR 走进

NEW HSK

新 汉语水平考试
全真模拟试题及题解

沈灿淑 夏小芸 王建强 刘影 编著

图书在版编目(CIP)数据

走进 NEW HSK：新汉语水平考试全真模拟试题及题解. 一级/沈灿淑等编著. —北京：北京大学出版社，2013.5
（北大版新 HSK 应试辅导丛书）
ISBN 978-7-301-21896-9

Ⅰ.①走… Ⅱ.①沈… Ⅲ.①汉语—对外汉语教学—水平考试—题解 Ⅳ.①H195-44

中国版本图书馆 CIP 数据核字(2012)第 316715 号

| 书　　　名：走进 NEW HSK：新汉语水平考试全真模拟试题及题解　一级 |
| 著作责任者：沈灿淑　夏小芸　王建强　刘影　编著 |
| 责 任 编 辑：任　蕾 |
| 标 准 书 号：ISBN 978-7-301-21896-9/H·3223 |
| 出 版 发 行：北京大学出版社 |
| 地　　　址：北京市海淀区成府路 205 号　100871 |
| 网　　　址：http://www.pup.cn　新浪官方微博：@北京大学出版社 |
| 电 子 信 箱：zpup@pup.pku.edu.cn |
| 电　　　话：邮购部 62752015　发行部 62750672　出版部 62754962 |
| 　　　　　　编辑部 62754144 |
| 印 刷 者：三河市博文印刷厂 |
| 经 销 者：新华书店 |
| 　　　　　　787 毫米×1092 毫米　16 开本　16.25 印张　250 千字 |
| 　　　　　　2013 年 5 月第 1 版　2013 年 5 月第 1 次印刷 |
| 定　　　价：49.00 元(附 MP3 盘 1 张) |

未经许可，不得以任何方式复制或抄袭本书之部分或全部内容。
版权所有，侵权必究
举报电话：010－62752024　电子信箱：fd@pup.pku.edu.cn

出版说明

由国家汉办组织研发的新汉语水平考试（HSK）是一项国际汉语能力标准化考试，自2009年在全球开始推广以来，受到各国汉语学习者的普遍欢迎。

然而，与原HSK比较，新HSK在设计理念与测试目的等方面都有很大不同。新HSK强调"考教结合""以考促教""以考促学"，注重以鼓励策略促使考生汉语能力的发展。

在等级设置与题目设计上，新HSK也与原HSK有明显差异。新HSK设置了笔试6个等级和口试3个等级，扩大了考试的覆盖面；在题目设计上更强调测试考生的实际语言运用能力，而非语言知识的掌握程度。

面对新的测试理念和新的题型，很多辅导教师，特别是习惯于原HSK以语言知识解析的方式讲解考题的教师，往往觉得新HSK辅导无从下手，新的题型无从讲起。同时，很多考生因不了解新HSK的题型特点，往往不知如何复习备考。

北京大学出版社自新HSK推出以来，始终关注并全力支持新HSK的发展，对新HSK的测试理论与实践进行了较为深入的研究与探讨，并在此基础上，组织新HSK研究者和一线教师研发出版了一系列的仿真模拟试卷和应试辅导教材，为辅导教师和广大考生提供了有益的帮助。

本次出版的这套《走进NEW HSK：新汉语水平考试全真模拟试题及题解》共计9册：一级、二级和三级各1册，每册包括10套全真模拟试卷；四级、五级和六级各两册，每册包括5套全真模拟试卷。这套模拟试题主要有两大特点：其一是仿真程度高，严格遵循考试大纲并参照官方公布的考试真题设计；其二是题解注重实效，强调语言知识、应试技巧与答题思路的结合，从而为教师的辅导提供参考，更为考生复习备考指引门径。通过本套试题，考生不仅可以有效测试出现有水平，更能够提高汉语运用能力，并掌握复习备考的方法及应试策略。

北京大学出版社
汉语及语言学编辑部

新汉语水平考试
HSK（一级）
全真模拟试题
（第1套）

注　意

一、HSK（一级）分两部分：

　　1. 听力（20题，约15分钟）

　　2. 阅读（20题，17分钟）

二、听力结束后，有3分钟填写答题卡。

三、全部考试约40分钟（含考生填写个人信息时间5分钟）。

中国　北京　　　　　　　××××/×××××××　编制

一、听 力

第 一 部 分

第 1-5 题

例如:		✓
		✗
1.		
2.		
3.		
4.		
5.		

第 二 部 分

第 6-10 题

例如：	![books] A ✓	![phone] B	![apples] C
6.	A	B	C
7.	A	B	C

— 2 —

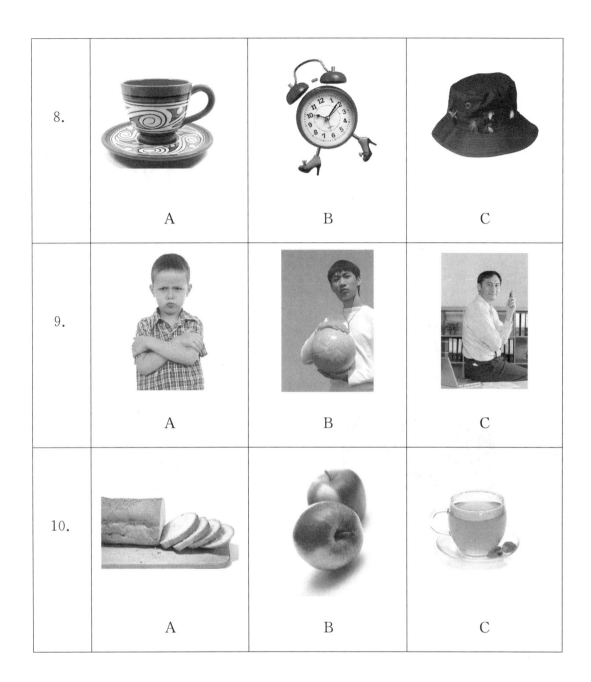

第 三 部 分

第 11-15 题

A
B
C
D
E
F

例如：女： Nǐ hǎo!
　　　　你 好！

　　　男： Nǐ hǎo! Hěn gāoxìng rènshi nǐ!
　　　　你 好！ 很 高兴 认识 你！　　　　　　 C

11.

12.

13.

14.

15.

— 4 —

第四部分

第 16-20 题

例如：
Xiàwǔ wǒ qù shāngdiàn, wǒ xiǎng mǎi yìxiē shuǐguǒ.
下午 我 去 商店， 我 想 买 一些 水果。

问：
Tā xiàwǔ qù nǎli?
她 下午 去 哪里？

A shāngdiàn 商店 ✓ B yīyuàn 医院 C xuéxiào 学校

16. A jiā 家 B fànguǎnr 饭馆儿 C xuéxiào 学校

17. A shuǐ 水 B píngguǒ 苹果 C mǐfàn 米饭

18. A shàngwǔ 上午 B zhōngwǔ 中午 C xiàwǔ 下午

19. A chūzūchē 出租车 B huǒchē 火车 C fēijī 飞机

20. A wǒ 我 B māma 妈妈 C bàba 爸爸

二、阅 读

第 一 部 分

第 21-25 题

例如：		diànshì 电视	×
		fēijī 飞机	✓
21.		cài 菜	
22.		rè 热	
23.		māo 猫	
24.		xiǎojiě 小姐	
25.		hē 喝	

第二部分

第 26-30 题

A

B

C

D

E

F

例如：Wǒ hěn xǐhuan zhè běn shū.
我 很 喜欢 这 本 书。 E

26. Tā zuò zài yǐzi shang hē chá.
他 坐 在 椅子 上 喝 茶。

27. Péngyou hěn xǐhuan gǒu.
朋友 很 喜欢 狗。

28. Tā hé nǚ'ér qù mǎi dōngxi.
她 和 女儿 去 买 东西。

29. Wǒ zuò shí diǎn shí fēn de huǒchē.
我 坐 十 点 十 分 的 火车。

30. Tā zài xiě zì ne.
她 在 写 字 呢。

第三部分

第 31-35 题

例如：Nǐ hē shuǐ ma?
你 喝 水 吗？　　[F]　　A　Xià ge yuè.
下 个 月。

31. Duìbuqǐ, wǒ bù néng qù.
对不起，我 不 能 去。　　[ ]　　B　97 kuài.
97 块。

32. Nǐ shénme shíhou qù nàr?
你 什么 时候 去 那儿？　　[ ]　　C　Wáng Xiǎomíng.
王 小明。

33. Zhè ge zhuōzi duōshao qián?
这 个 桌子 多少 钱？　　[ ]　　D　Hěn xǐhuan.
很 喜欢。

34. Nǐ jiào shénme míngzi?
你 叫 什么 名字？　　[ ]　　E　Méi guānxi.
没 关系。

35. Nǐ xǐhuan kàn diànyǐng ma?
你 喜欢 看 电影 吗？　　[ ]　　F　Hǎo de, xièxie!
好 的，谢谢！

第四部分

第 36-40 题

　　A 回　B 不客气　C 日　D 名字　E 学生　F 说话

例如：你叫什么（ D ）？

36. 她是一个很爱（　　）的人。

37. 我是一个（　　），我在中国学习汉语。

38. 今天是 2013 年 1 月 12（　　），星期六。

39. 女：谢谢你买的漂亮衣服。
　　男：（　　），很高兴你能喜欢。

40. 男：你星期几（　　）北京？
　　女：下个星期一。

新汉语水平考试
HSK (一级) 答题卡

姓名	

序号	[0] [1] [2] [3] [4] [5] [6] [7] [8] [9] [0] [1] [2] [3] [4] [5] [6] [7] [8] [9] [0] [1] [2] [3] [4] [5] [6] [7] [8] [9] [0] [1] [2] [3] [4] [5] [6] [7] [8] [9]

年龄	[0] [1] [2] [3] [4] [5] [6] [7] [8] [9] [0] [1] [2] [3] [4] [5] [6] [7] [8] [9]

你是华裔吗?	
是 [1]	不是 [2]

国籍	[0] [1] [2] [3] [4] [5] [6] [7] [8] [9] [0] [1] [2] [3] [4] [5] [6] [7] [8] [9] [0] [1] [2] [3] [4] [5] [6] [7] [8] [9]

性别	男 [1]　　女 [2]

考点	[0] [1] [2] [3] [4] [5] [6] [7] [8] [9] [0] [1] [2] [3] [4] [5] [6] [7] [8] [9] [0] [1] [2] [3] [4] [5] [6] [7] [8] [9]

学习汉语的时间:

3个月以下 [1]	3个月—6个月 [2]
6个月—1年 [3]	1年—18个月 [4]
18个月—2年 [5]	2年以上 [6]

注意　　请用 2B 铅笔这样写：■

一、听力

1. [✓] [✗]	6. [A] [B] [C]	11. [A] [B] [C] [D] [D] [E] [F]	16. [A] [B] [C]
2. [✓] [✗]	7. [A] [B] [C]	12. [A] [B] [C] [D] [D] [E] [F]	17. [A] [B] [C]
3. [✓] [✗]	8. [A] [B] [C]	13. [A] [B] [C] [D] [D] [E] [F]	18. [A] [B] [C]
4. [✓] [✗]	9. [A] [B] [C]	14. [A] [B] [C] [D] [D] [E] [F]	19. [A] [B] [C]
5. [✓] [✗]	10. [A] [B] [C]	15. [A] [B] [C] [D] [D] [E] [F]	20. [A] [B] [C]

二、阅读

21. [✓] [✗]	26. [A] [B] [C] [D] [D] [E] [F]	31. [A] [B] [C] [D] [D] [E] [F]	36. [A] [B] [C] [D] [D] [E] [F]
22. [✓] [✗]	27. [A] [B] [C] [D] [D] [E] [F]	32. [A] [B] [C] [D] [D] [E] [F]	37. [A] [B] [C] [D] [D] [E] [F]
23. [✓] [✗]	28. [A] [B] [C] [D] [D] [E] [F]	33. [A] [B] [C] [D] [D] [E] [F]	38. [A] [B] [C] [D] [D] [E] [F]
24. [✓] [✗]	29. [A] [B] [C] [D] [D] [E] [F]	34. [A] [B] [C] [D] [D] [E] [F]	39. [A] [B] [C] [D] [D] [E] [F]
25. [✓] [✗]	30. [A] [B] [C] [D] [D] [E] [F]	35. [A] [B] [C] [D] [D] [E] [F]	40. [A] [B] [C] [D] [D] [E] [F]

新 汉 语 水 平 考 试
HSK (一级) 答 题 卡

姓名	

国籍	[0] [1] [2] [3] [4] [5] [6] [7] [8] [9] [0] [1] [2] [3] [4] [5] [6] [7] [8] [9] [0] [1] [2] [3] [4] [5] [6] [7] [8] [9]

性别	男 [1]　　女 [2]

序号	[0] [1] [2] [3] [4] [5] [6] [7] [8] [9] [0] [1] [2] [3] [4] [5] [6] [7] [8] [9] [0] [1] [2] [3] [4] [5] [6] [7] [8] [9] [0] [1] [2] [3] [4] [5] [6] [7] [8] [9]

考点	[0] [1] [2] [3] [4] [5] [6] [7] [8] [9] [0] [1] [2] [3] [4] [5] [6] [7] [8] [9] [0] [1] [2] [3] [4] [5] [6] [7] [8] [9]

年龄	[0] [1] [2] [3] [4] [5] [6] [7] [8] [9] [0] [1] [2] [3] [4] [5] [6] [7] [8] [9]

学习汉语的时间：	
3个月以下 [1]	3个月—6个月 [2]
6个月—1年 [3]	1年—18个月 [4]
18个月—2年 [5]	2年以上 [6]

你是华裔吗?	
是 [1]	不是 [2]

注意	请用 2B 铅笔这样写：■

一、听　力

1. [✓] [✗]	6. [A] [B] [C]	11. [A] [B] [C] [D] [D] [E] [F]	16. [A] [B] [C]
2. [✓] [✗]	7. [A] [B] [C]	12. [A] [B] [C] [D] [D] [E] [F]	17. [A] [B] [C]
3. [✓] [✗]	8. [A] [B] [C]	13. [A] [B] [C] [D] [D] [E] [F]	18. [A] [B] [C]
4. [✓] [✗]	9. [A] [B] [C]	14. [A] [B] [C] [D] [D] [E] [F]	19. [A] [B] [C]
5. [✓] [✗]	10. [A] [B] [C]	15. [A] [B] [C] [D] [D] [E] [F]	20. [A] [B] [C]

二、阅　读

21. [✓] [✗]	26. [A] [B] [C] [D] [D] [E] [F]	31. [A] [B] [C] [D] [D] [E] [F]	36. [A] [B] [C] [D] [D] [E] [F]
22. [✓] [✗]	27. [A] [B] [C] [D] [D] [E] [F]	32. [A] [B] [C] [D] [D] [E] [F]	37. [A] [B] [C] [D] [D] [E] [F]
23. [✓] [✗]	28. [A] [B] [C] [D] [D] [E] [F]	33. [A] [B] [C] [D] [D] [E] [F]	38. [A] [B] [C] [D] [D] [E] [F]
24. [✓] [✗]	29. [A] [B] [C] [D] [D] [E] [F]	34. [A] [B] [C] [D] [D] [E] [F]	39. [A] [B] [C] [D] [D] [E] [F]
25. [✓] [✗]	30. [A] [B] [C] [D] [D] [E] [F]	35. [A] [B] [C] [D] [D] [E] [F]	40. [A] [B] [C] [D] [D] [E] [F]

新汉语水平考试
HSK (一级) 答题卡

姓名	

国籍	[0] [1] [2] [3] [4] [5] [6] [7] [8] [9] [0] [1] [2] [3] [4] [5] [6] [7] [8] [9] [0] [1] [2] [3] [4] [5] [6] [7] [8] [9]

性别	男 [1]　　女 [2]

序号	[0] [1] [2] [3] [4] [5] [6] [7] [8] [9] [0] [1] [2] [3] [4] [5] [6] [7] [8] [9] [0] [1] [2] [3] [4] [5] [6] [7] [8] [9] [0] [1] [2] [3] [4] [5] [6] [7] [8] [9]

考点	[0] [1] [2] [3] [4] [5] [6] [7] [8] [9] [0] [1] [2] [3] [4] [5] [6] [7] [8] [9] [0] [1] [2] [3] [4] [5] [6] [7] [8] [9]

年龄	[0] [1] [2] [3] [4] [5] [6] [7] [8] [9] [0] [1] [2] [3] [4] [5] [6] [7] [8] [9]

学习汉语的时间：

3个月以下 [1]　　　3个月—6个月 [2]

6个月—1年 [3]　　　1年—18个月 [4]

18个月—2年 [5]　　　2年以上 [6]

你是华裔吗？

是 [1]　　　不是 [2]

注意　　请用2B铅笔这样写：■

一、听 力

1. [✓] [✗]　　6. [A] [B] [C]　　11. [A] [B] [C] [D] [E] [F]　　16. [A] [B] [C]
2. [✓] [✗]　　7. [A] [B] [C]　　12. [A] [B] [C] [D] [E] [F]　　17. [A] [B] [C]
3. [✓] [✗]　　8. [A] [B] [C]　　13. [A] [B] [C] [D] [E] [F]　　18. [A] [B] [C]
4. [✓] [✗]　　9. [A] [B] [C]　　14. [A] [B] [C] [D] [E] [F]　　19. [A] [B] [C]
5. [✓] [✗]　　10. [A] [B] [C]　　15. [A] [B] [C] [D] [E] [F]　　20. [A] [B] [C]

二、阅 读

21. [✓] [✗]　　26. [A] [B] [C] [D] [D] [E] [F]　　31. [A] [B] [C] [D] [D] [E] [F]　　36. [A] [B] [C] [D] [D] [E] [F]
22. [✓] [✗]　　27. [A] [B] [C] [D] [D] [E] [F]　　32. [A] [B] [C] [D] [D] [E] [F]　　37. [A] [B] [C] [D] [D] [E] [F]
23. [✓] [✗]　　28. [A] [B] [C] [D] [D] [E] [F]　　33. [A] [B] [C] [D] [D] [E] [F]　　38. [A] [B] [C] [D] [D] [E] [F]
24. [✓] [✗]　　29. [A] [B] [C] [D] [D] [E] [F]　　34. [A] [B] [C] [D] [D] [E] [F]　　39. [A] [B] [C] [D] [D] [E] [F]
25. [✓] [✗]　　30. [A] [B] [C] [D] [D] [E] [F]　　35. [A] [B] [C] [D] [D] [E] [F]　　40. [A] [B] [C] [D] [D] [E] [F]

新汉语水平考试
HSK (一级) 答题卡

姓名		国籍	[0] [1] [2] [3] [4] [5] [6] [7] [8] [9] [0] [1] [2] [3] [4] [5] [6] [7] [8] [9] [0] [1] [2] [3] [4] [5] [6] [7] [8] [9]

性别	男 [1]　　女 [2]

序号	[0] [1] [2] [3] [4] [5] [6] [7] [8] [9] [0] [1] [2] [3] [4] [5] [6] [7] [8] [9] [0] [1] [2] [3] [4] [5] [6] [7] [8] [9] [0] [1] [2] [3] [4] [5] [6] [7] [8] [9]	考点	[0] [1] [2] [3] [4] [5] [6] [7] [8] [9] [0] [1] [2] [3] [4] [5] [6] [7] [8] [9] [0] [1] [2] [3] [4] [5] [6] [7] [8] [9]

年龄	[0] [1] [2] [3] [4] [5] [6] [7] [8] [9] [0] [1] [2] [3] [4] [5] [6] [7] [8] [9]

学习汉语的时间:

3个月以下 [1]　　　3个月—6个月 [2]

6个月—1年 [3]　　　1年—18个月 [4]

18个月—2年 [5]　　　2年以上 [6]

你是华裔吗?
是 [1]　　　不是 [2]

注意　　请用2B铅笔这样写：▬

一、听 力

1. [✓] [✗]　　6. [A] [B] [C]　　11. [A] [B] [C] [D] [D] [E] [F]　　16. [A] [B] [C]
2. [✓] [✗]　　7. [A] [B] [C]　　12. [A] [B] [C] [D] [D] [E] [F]　　17. [A] [B] [C]
3. [✓] [✗]　　8. [A] [B] [C]　　13. [A] [B] [C] [D] [D] [E] [F]　　18. [A] [B] [C]
4. [✓] [✗]　　9. [A] [B] [C]　　14. [A] [B] [C] [D] [D] [E] [F]　　19. [A] [B] [C]
5. [✓] [✗]　　10. [A] [B] [C]　　15. [A] [B] [C] [D] [D] [E] [F]　　20. [A] [B] [C]

二、阅 读

21. [✓] [✗]　　26. [A] [B] [C] [D] [D] [E] [F]　　31. [A] [B] [C] [D] [D] [E] [F]　　36. [A] [B] [C] [D] [D] [E] [F]
22. [✓] [✗]　　27. [A] [B] [C] [D] [D] [E] [F]　　32. [A] [B] [C] [D] [D] [E] [F]　　37. [A] [B] [C] [D] [D] [E] [F]
23. [✓] [✗]　　28. [A] [B] [C] [D] [D] [E] [F]　　33. [A] [B] [C] [D] [D] [E] [F]　　38. [A] [B] [C] [D] [D] [E] [F]
24. [✓] [✗]　　29. [A] [B] [C] [D] [D] [E] [F]　　34. [A] [B] [C] [D] [D] [E] [F]　　39. [A] [B] [C] [D] [D] [E] [F]
25. [✓] [✗]　　30. [A] [B] [C] [D] [D] [E] [F]　　35. [A] [B] [C] [D] [D] [E] [F]　　40. [A] [B] [C] [D] [D] [E] [F]

新 汉 语 水 平 考 试
HSK (一级) 答题卡

姓名	

国籍	[0] [1] [2] [3] [4] [5] [6] [7] [8] [9] [0] [1] [2] [3] [4] [5] [6] [7] [8] [9] [0] [1] [2] [3] [4] [5] [6] [7] [8] [9]

序号	[0] [1] [2] [3] [4] [5] [6] [7] [8] [9] [0] [1] [2] [3] [4] [5] [6] [7] [8] [9] [0] [1] [2] [3] [4] [5] [6] [7] [8] [9] [0] [1] [2] [3] [4] [5] [6] [7] [8] [9]

性别	男 [1]　　女 [2]

考点	[0] [1] [2] [3] [4] [5] [6] [7] [8] [9] [0] [1] [2] [3] [4] [5] [6] [7] [8] [9] [0] [1] [2] [3] [4] [5] [6] [7] [8] [9]

年龄	[0] [1] [2] [3] [4] [5] [6] [7] [8] [9] [0] [1] [2] [3] [4] [5] [6] [7] [8] [9]

学习汉语的时间：	
3个月以下　[1]	3个月—6个月　[2]
6个月—1年　[3]	1年—18个月　[4]
18个月—2年　[5]	2年以上　[6]

你是华裔吗？	
是　[1]	不是　[2]

注意	请用2B铅笔这样写：■

一、听 力

1. [✓] [✗]　　6. [A] [B] [C]　　11. [A] [B] [C] [D] [D] [E] [F]　　16. [A] [B] [C]
2. [✓] [✗]　　7. [A] [B] [C]　　12. [A] [B] [C] [D] [D] [E] [F]　　17. [A] [B] [C]
3. [✓] [✗]　　8. [A] [B] [C]　　13. [A] [B] [C] [D] [D] [E] [F]　　18. [A] [B] [C]
4. [✓] [✗]　　9. [A] [B] [C]　　14. [A] [B] [C] [D] [D] [E] [F]　　19. [A] [B] [C]
5. [✓] [✗]　　10. [A] [B] [C]　　15. [A] [B] [C] [D] [D] [E] [F]　　20. [A] [B] [C]

二、阅 读

21. [✓] [✗]　　26. [A] [B] [C] [D] [D] [E] [F]　　31. [A] [B] [C] [D] [D] [E] [F]　　36. [A] [B] [C] [D] [D] [E] [F]
22. [✓] [✗]　　27. [A] [B] [C] [D] [D] [E] [F]　　32. [A] [B] [C] [D] [D] [E] [F]　　37. [A] [B] [C] [D] [D] [E] [F]
23. [✓] [✗]　　28. [A] [B] [C] [D] [D] [E] [F]　　33. [A] [B] [C] [D] [D] [E] [F]　　38. [A] [B] [C] [D] [D] [E] [F]
24. [✓] [✗]　　29. [A] [B] [C] [D] [D] [E] [F]　　34. [A] [B] [C] [D] [D] [E] [F]　　39. [A] [B] [C] [D] [D] [E] [F]
25. [✓] [✗]　　30. [A] [B] [C] [D] [D] [E] [F]　　35. [A] [B] [C] [D] [D] [E] [F]　　40. [A] [B] [C] [D] [D] [E] [F]

新汉语水平考试
HSK (一级) 答题卡

姓名

国籍 [0][1][2][3][4][5][6][7][8][9]
[0][1][2][3][4][5][6][7][8][9]
[0][1][2][3][4][5][6][7][8][9]

序号 [0][1][2][3][4][5][6][7][8][9]
[0][1][2][3][4][5][6][7][8][9]
[0][1][2][3][4][5][6][7][8][9]
[0][1][2][3][4][5][6][7][8][9]
[0][1][2][3][4][5][6][7][8][9]

性别 男 [1] 女 [2]

考点 [0][1][2][3][4][5][6][7][8][9]
[0][1][2][3][4][5][6][7][8][9]
[0][1][2][3][4][5][6][7][8][9]
[0][1][2][3][4][5][6][7][8][9]

年龄 [0][1][2][3][4][5][6][7][8][9]
[0][1][2][3][4][5][6][7][8][9]

学习汉语的时间：

3个月以下 [1]   3个月—6个月 [2]
6个月—1年 [3]   1年—18个月 [4]
18个月—2年 [5]   2年以上 [6]

你是华裔吗？
是 [1]   不是 [2]

注意   请用2B铅笔这样写：■

一、听 力

1. [✓] [✗]   6. [A] [B] [C]   11. [A] [B] [C] [D] [D] [E] [F]   16. [A] [B] [C]
2. [✓] [✗]   7. [A] [B] [C]   12. [A] [B] [C] [D] [D] [E] [F]   17. [A] [B] [C]
3. [✓] [✗]   8. [A] [B] [C]   13. [A] [B] [C] [D] [D] [E] [F]   18. [A] [B] [C]
4. [✓] [✗]   9. [A] [B] [C]   14. [A] [B] [C] [D] [D] [E] [F]   19. [A] [B] [C]
5. [✓] [✗]   10. [A] [B] [C]   15. [A] [B] [C] [D] [D] [E] [F]   20. [A] [B] [C]

二、阅 读

21. [✓] [✗]   26. [A] [B] [C] [D] [D] [E] [F]   31. [A] [B] [C] [D] [D] [E] [F]   36. [A] [B] [C] [D] [D] [E] [F]
22. [✓] [✗]   27. [A] [B] [C] [D] [D] [E] [F]   32. [A] [B] [C] [D] [D] [E] [F]   37. [A] [B] [C] [D] [D] [E] [F]
23. [✓] [✗]   28. [A] [B] [C] [D] [D] [E] [F]   33. [A] [B] [C] [D] [D] [E] [F]   38. [A] [B] [C] [D] [D] [E] [F]
24. [✓] [✗]   29. [A] [B] [C] [D] [D] [E] [F]   34. [A] [B] [C] [D] [D] [E] [F]   39. [A] [B] [C] [D] [D] [E] [F]
25. [✓] [✗]   30. [A] [B] [C] [D] [D] [E] [F]   35. [A] [B] [C] [D] [D] [E] [F]   40. [A] [B] [C] [D] [D] [E] [F]

新 汉 语 水 平 考 试
HSK (一级) 答 题 卡

姓名		国籍	[0] [1] [2] [3] [4] [5] [6] [7] [8] [9] [0] [1] [2] [3] [4] [5] [6] [7] [8] [9] [0] [1] [2] [3] [4] [5] [6] [7] [8] [9]

		性别	男 [1]　　女 [2]

序号	[0] [1] [2] [3] [4] [5] [6] [7] [8] [9] [0] [1] [2] [3] [4] [5] [6] [7] [8] [9] [0] [1] [2] [3] [4] [5] [6] [7] [8] [9] [0] [1] [2] [3] [4] [5] [6] [7] [8] [9]	考点	[0] [1] [2] [3] [4] [5] [6] [7] [8] [9] [0] [1] [2] [3] [4] [5] [6] [7] [8] [9] [0] [1] [2] [3] [4] [5] [6] [7] [8] [9]

年龄	[0] [1] [2] [3] [4] [5] [6] [7] [8] [9] [0] [1] [2] [3] [4] [5] [6] [7] [8] [9]

学习汉语的时间：	
3个月以下 [1]	3个月—6个月 [2]
6个月—1年 [3]	1年—18个月 [4]
18个月—2年 [5]	2年以上 [6]

你是华裔吗？	
是 [1]	不是 [2]

注意　　请用2B铅笔这样写：■

一、听力

1. [✓] [✗]	6. [A] [B] [C]	11. [A] [B] [C] [D] [D] [E] [F]	16. [A] [B] [C]
2. [✓] [✗]	7. [A] [B] [C]	12. [A] [B] [C] [D] [D] [E] [F]	17. [A] [B] [C]
3. [✓] [✗]	8. [A] [B] [C]	13. [A] [B] [C] [D] [D] [E] [F]	18. [A] [B] [C]
4. [✓] [✗]	9. [A] [B] [C]	14. [A] [B] [C] [D] [D] [E] [F]	19. [A] [B] [C]
5. [✓] [✗]	10. [A] [B] [C]	15. [A] [B] [C] [D] [D] [E] [F]	20. [A] [B] [C]

二、阅读

21. [✓] [✗]	26. [A] [B] [C] [D] [D] [E] [F]	31. [A] [B] [C] [D] [D] [E] [F]	36. [A] [B] [C] [D] [D] [E] [F]
22. [✓] [✗]	27. [A] [B] [C] [D] [D] [E] [F]	32. [A] [B] [C] [D] [D] [E] [F]	37. [A] [B] [C] [D] [D] [E] [F]
23. [✓] [✗]	28. [A] [B] [C] [D] [D] [E] [F]	33. [A] [B] [C] [D] [D] [E] [F]	38. [A] [B] [C] [D] [D] [E] [F]
24. [✓] [✗]	29. [A] [B] [C] [D] [D] [E] [F]	34. [A] [B] [C] [D] [D] [E] [F]	39. [A] [B] [C] [D] [D] [E] [F]
25. [✓] [✗]	30. [A] [B] [C] [D] [D] [E] [F]	35. [A] [B] [C] [D] [D] [E] [F]	40. [A] [B] [C] [D] [D] [E] [F]

新汉语水平考试
HSK (一级) 答题卡

姓名	

序号	[0] [1] [2] [3] [4] [5] [6] [7] [8] [9] [0] [1] [2] [3] [4] [5] [6] [7] [8] [9] [0] [1] [2] [3] [4] [5] [6] [7] [8] [9] [0] [1] [2] [3] [4] [5] [6] [7] [8] [9]

年龄	[0] [1] [2] [3] [4] [5] [6] [7] [8] [9] [0] [1] [2] [3] [4] [5] [6] [7] [8] [9]

你是华裔吗?

是 [1]　　　　　不是 [2]

国籍	[0] [1] [2] [3] [4] [5] [6] [7] [8] [9] [0] [1] [2] [3] [4] [5] [6] [7] [8] [9] [0] [1] [2] [3] [4] [5] [6] [7] [8] [9]

性别	男 [1]　　　女 [2]

考点	[0] [1] [2] [3] [4] [5] [6] [7] [8] [9] [0] [1] [2] [3] [4] [5] [6] [7] [8] [9] [0] [1] [2] [3] [4] [5] [6] [7] [8] [9]

学习汉语的时间:

3个月以下 [1]　　　　3个月—6个月 [2]

6个月—1年 [3]　　　　1年—18个月 [4]

18个月—2年 [5]　　　　2年以上 [6]

注意　　请用2B铅笔这样写：■

一、听力

1. [√] [×]	6. [A] [B] [C]	11. [A] [B] [C] [D] [D] [E] [F]	16. [A] [B] [C]
2. [√] [×]	7. [A] [B] [C]	12. [A] [B] [C] [D] [D] [E] [F]	17. [A] [B] [C]
3. [√] [×]	8. [A] [B] [C]	13. [A] [B] [C] [D] [D] [E] [F]	18. [A] [B] [C]
4. [√] [×]	9. [A] [B] [C]	14. [A] [B] [C] [D] [D] [E] [F]	19. [A] [B] [C]
5. [√] [×]	10. [A] [B] [C]	15. [A] [B] [C] [D] [D] [E] [F]	20. [A] [B] [C]

二、阅读

21. [√] [×]	26. [A] [B] [C] [D] [D] [E] [F]	31. [A] [B] [C] [D] [D] [E] [F]	36. [A] [B] [C] [D] [D] [E] [F]
22. [√] [×]	27. [A] [B] [C] [D] [D] [E] [F]	32. [A] [B] [C] [D] [D] [E] [F]	37. [A] [B] [C] [D] [D] [E] [F]
23. [√] [×]	28. [A] [B] [C] [D] [D] [E] [F]	33. [A] [B] [C] [D] [D] [E] [F]	38. [A] [B] [C] [D] [D] [E] [F]
24. [√] [×]	29. [A] [B] [C] [D] [D] [E] [F]	34. [A] [B] [C] [D] [D] [E] [F]	39. [A] [B] [C] [D] [D] [E] [F]
25. [√] [×]	30. [A] [B] [C] [D] [D] [E] [F]	35. [A] [B] [C] [D] [D] [E] [F]	40. [A] [B] [C] [D] [D] [E] [F]

新汉语水平考试
HSK (一级) 答题卡

姓名		国籍	[0] [1] [2] [3] [4] [5] [6] [7] [8] [9] [0] [1] [2] [3] [4] [5] [6] [7] [8] [9] [0] [1] [2] [3] [4] [5] [6] [7] [8] [9]

性别	男 [1]　　　女 [2]

序号	[0] [1] [2] [3] [4] [5] [6] [7] [8] [9] [0] [1] [2] [3] [4] [5] [6] [7] [8] [9] [0] [1] [2] [3] [4] [5] [6] [7] [8] [9] [0] [1] [2] [3] [4] [5] [6] [7] [8] [9]	考点	[0] [1] [2] [3] [4] [5] [6] [7] [8] [9] [0] [1] [2] [3] [4] [5] [6] [7] [8] [9] [0] [1] [2] [3] [4] [5] [6] [7] [8] [9]

年龄	[0] [1] [2] [3] [4] [5] [6] [7] [8] [9] [0] [1] [2] [3] [4] [5] [6] [7] [8] [9]

学习汉语的时间：

3个月以下 [1]　　　3个月—6个月 [2]
6个月—1年 [3]　　　1年—18个月 [4]
18个月—2年 [5]　　　2年以上 [6]

你是华裔吗？
是 [1]　　　不是 [2]

注意　　请用2B铅笔这样写：■

一、听力

1. [✓] [✗]	6. [A] [B] [C]	11. [A] [B] [C] [D] [D] [E] [F]	16. [A] [B] [C]
2. [✓] [✗]	7. [A] [B] [C]	12. [A] [B] [C] [D] [D] [E] [F]	17. [A] [B] [C]
3. [✓] [✗]	8. [A] [B] [C]	13. [A] [B] [C] [D] [D] [E] [F]	18. [A] [B] [C]
4. [✓] [✗]	9. [A] [B] [C]	14. [A] [B] [C] [D] [D] [E] [F]	19. [A] [B] [C]
5. [✓] [✗]	10. [A] [B] [C]	15. [A] [B] [C] [D] [D] [E] [F]	20. [A] [B] [C]

二、阅读

21. [✓] [✗]	26. [A] [B] [C] [D] [D] [E] [F]	31. [A] [B] [C] [D] [D] [E] [F]	36. [A] [B] [C] [D] [D] [E] [F]
22. [✓] [✗]	27. [A] [B] [C] [D] [D] [E] [F]	32. [A] [B] [C] [D] [D] [E] [F]	37. [A] [B] [C] [D] [D] [E] [F]
23. [✓] [✗]	28. [A] [B] [C] [D] [D] [E] [F]	33. [A] [B] [C] [D] [D] [E] [F]	38. [A] [B] [C] [D] [D] [E] [F]
24. [✓] [✗]	29. [A] [B] [C] [D] [D] [E] [F]	34. [A] [B] [C] [D] [D] [E] [F]	39. [A] [B] [C] [D] [D] [E] [F]
25. [✓] [✗]	30. [A] [B] [C] [D] [D] [E] [F]	35. [A] [B] [C] [D] [D] [E] [F]	40. [A] [B] [C] [D] [D] [E] [F]

新汉语水平考试
HSK (一级) 答题卡

姓名	

序号	[0][1][2][3][4][5][6][7][8][9] [0][1][2][3][4][5][6][7][8][9] [0][1][2][3][4][5][6][7][8][9] [0][1][2][3][4][5][6][7][8][9]

年龄	[0][1][2][3][4][5][6][7][8][9] [0][1][2][3][4][5][6][7][8][9]

你是华裔吗?
是 [1]　　　　不是 [2]

国籍	[0][1][2][3][4][5][6][7][8][9] [0][1][2][3][4][5][6][7][8][9] [0][1][2][3][4][5][6][7][8][9]

性别	男 [1]　　女 [2]

考点	[0][1][2][3][4][5][6][7][8][9] [0][1][2][3][4][5][6][7][8][9] [0][1][2][3][4][5][6][7][8][9]

学习汉语的时间:
3个月以下 [1]　　　3个月—6个月 [2]
6个月—1年 [3]　　　1年—18个月 [4]
18个月—2年 [5]　　　2年以上 [6]

注意　　请用2B铅笔这样写: ■

一、听力

1. [✓] [✗]　　6. [A] [B] [C]　　11. [A] [B] [C] [D] [D] [E] [F]　　16. [A] [B] [C]
2. [✓] [✗]　　7. [A] [B] [C]　　12. [A] [B] [C] [D] [D] [E] [F]　　17. [A] [B] [C]
3. [✓] [✗]　　8. [A] [B] [C]　　13. [A] [B] [C] [D] [D] [E] [F]　　18. [A] [B] [C]
4. [✓] [✗]　　9. [A] [B] [C]　　14. [A] [B] [C] [D] [D] [E] [F]　　19. [A] [B] [C]
5. [✓] [✗]　　10. [A] [B] [C]　　15. [A] [B] [C] [D] [D] [E] [F]　　20. [A] [B] [C]

二、阅读

21. [✓] [✗]　　26. [A] [B] [C] [D] [D] [E] [F]　　31. [A] [B] [C] [D] [D] [E] [F]　　36. [A] [B] [C] [D] [D] [E] [F]
22. [✓] [✗]　　27. [A] [B] [C] [D] [D] [E] [F]　　32. [A] [B] [C] [D] [D] [E] [F]　　37. [A] [B] [C] [D] [D] [E] [F]
23. [✓] [✗]　　28. [A] [B] [C] [D] [D] [E] [F]　　33. [A] [B] [C] [D] [D] [E] [F]　　38. [A] [B] [C] [D] [D] [E] [F]
24. [✓] [✗]　　29. [A] [B] [C] [D] [D] [E] [F]　　34. [A] [B] [C] [D] [D] [E] [F]　　39. [A] [B] [C] [D] [D] [E] [F]
25. [✓] [✗]　　30. [A] [B] [C] [D] [D] [E] [F]　　35. [A] [B] [C] [D] [D] [E] [F]　　40. [A] [B] [C] [D] [D] [E] [F]

新汉语水平考试
HSK（一级）
全真模拟试题
（第 2 套）

注　意

一、HSK（一级）分两部分：

    1. 听力（20 题，约 15 分钟）

    2. 阅读（20 题，17 分钟）

二、听力结束后，有 3 分钟填写答题卡。

三、全部考试约 40 分钟（含考生填写个人信息时间 5 分钟）。

中国　北京　　　　　　××××/×××××× 编制

一、听　力

第 一 部 分

第1-5题

例如：	(图：女士微笑)	✓
	(图：老人坐长椅)	✗
1.	(图：举手欢呼的男士)	
2.	(图：笔记本电脑)	
3.	(图：黑板前的老师)	
4.	(图：男孩吃苹果)	
5.	(图：母女做饭)	

第 二 部 分

第 6-10 题

例如：	(书) A ✓	(电话) B	(苹果) C
6.	(婴儿) A	(男子) B	(戴耳机女孩) C
7.	(两人看电脑) A	(两位医生) B	(父女) C

第 三 部 分

第 11-15 题

A
B
C
D
E
F

例如：女： Nǐ hǎo!
　　　　你 好!

　　　男： Nǐ hǎo! Hěn gāoxìng rènshi nǐ!
　　　　你 好! 很 高兴 认识 你!   C

11.
12.
13.
14.
15.

第 四 部 分

第 16-20 题

例如：
Xiàwǔ wǒ qù shāngdiàn, wǒ xiǎng mǎi yìxiē shuǐguǒ.
下午 我 去 商店， 我 想 买 一些 水果。

问：
Tā xiàwǔ qù nǎli?
她 下午 去 哪里？

    A shāngdiàn 商店 ✓   B yīyuàn 医院   C xuéxiào 学校

16. A 2 yuè 月 23 rì 日   B 3 yuè 月 26 rì 日   C 6 yuè 月 23 rì 日

17. A lǎoshī 老师   B māma 妈妈   C péngyou 朋友

18. A xuéxiào 学校   B yīyuàn 医院   C shāngdiàn 商店

19. A 4 ge 个   B 6 ge 个   C 8 ge 个

20. A tài dà le 太大了   B bú piàoliang 不漂亮   C tài guì le 太贵了

二、阅 读

第一部分

第 21-25 题

例如：		diànshì 电视	×
		fēijī 飞机	✓
21.		yīshēng 医生	
22.		píngguǒ 苹果	
23.		sān běn shū 三 本 书	
24.		kāi chē 开 车	
25.		zhuōzi 桌子	

第二部分

第 26-30 题

A		B	
C		D	
E		F	

Wǒ hěn xǐhuan zhè běn shū.
例如：我 很 喜欢 这 本 书。   E

　　　Néng zài zhèr kànjiàn nǐ hěn gāoxìng.
26. 能 在 这儿 看见 你 很 高兴。   ☐

　　　Tāmen dōu shì wǒ de tóngxué.
27. 他们 都 是 我 的 同学。   ☐

　　　Zhèxiē shū nǐ dōu xiǎng kàn ma?
28. 这些 书 你 都 想 看 吗？   ☐

　　　Zuò fēijī fēnzhōng néng qù Běijīng.
29. 坐 飞机 50 分钟 能 去 北京。   ☐

　　　Zhuōzi shang yǒu hěn duō dōngxi.
30. 桌子 上 有 很 多 东西。   ☐

第三部分

第 31-35 题

例如： Nǐ hē shuǐ ma?
你 喝 水 吗？ [F]

A　Wǒ zhù sì líng yī.
　　我 住 四 零 一。

31. Zuò zài yǐzi shang nà ge rén shì shéi?
坐 在 椅子 上 那个 人 是 谁？ [ ]

B　Tài hǎo le.
　　太 好 了。

32. Wǒ zhù zài sān líng sān, nǐ ne?
我 住 在 三 零 三，你 呢？ [ ]

C　Wǒ qù yīyuàn le.
　　我 去 医院 了。

33. Nǐ zuótiān zěnme méi lái xuéxiào?
你 昨天 怎么 没 来 学校？ [ ]

D　Xiǎo de nà ge.
　　小 的 那个。

34. Zhèxiē bēizi, nǐ xǐhuan nǎ ge?
这些 杯子，你 喜欢 哪个？ [ ]

E　Tā shì Zhāng lǎoshī.
　　他 是 张 老师。

35. Wǒ nǚpéngyou míngtiān lái kàn wǒ.
我 女朋友 明天 来 看 我。 [ ]

F　Hǎo de, xièxie!
　　好 的，谢谢！

第 四 部 分

第 36-40 题

A 谢谢　　B 听　　C 火车站　　D 名字　　E 下雨　　F 出租车

例如：你 叫 什么（ D ）?

36. 我 想 坐（　　）去 学校，你 呢？

37. （　　）了，现在 天气 很 冷，我 下午 去 你 那儿，好 吗？

38. 你（　　），他们 在 说 什么？

39. 女：你 请 坐，请 喝 水。
　　男：（　　），你 的 家 很 大，很 漂亮。

40. 男：你 看见 王 小姐 了 吗？
　　女：她 有 朋友 来 北京，她 去（　　）了。

新汉语水平考试
HSK（一级）
全真模拟试题
（第3套）

注　意

一、HSK（一级）分两部分：

1. 听力（20题，约15分钟）

2. 阅读（20题，17分钟）

二、听力结束后，有3分钟填写答题卡。

三、全部考试约40分钟（含考生填写个人信息时间5分钟）。

中国　北京　　　　　　　××××/×××××××　　编制

一、听 力

第 一 部 分

第 1-5 题

例如：	(女士微笑图)	✓
	(男士看报图)	×
1.	(马图)	
2.	(喝水女子图)	
3.	(睡觉女子图)	
4.	(打电话女子图)	
5.	(戴耳机听音乐女子图)	

第 二 部 分

第 6-10 题

例如：	A ✓	B	C
6.	A	B	C
7.	A	B	C

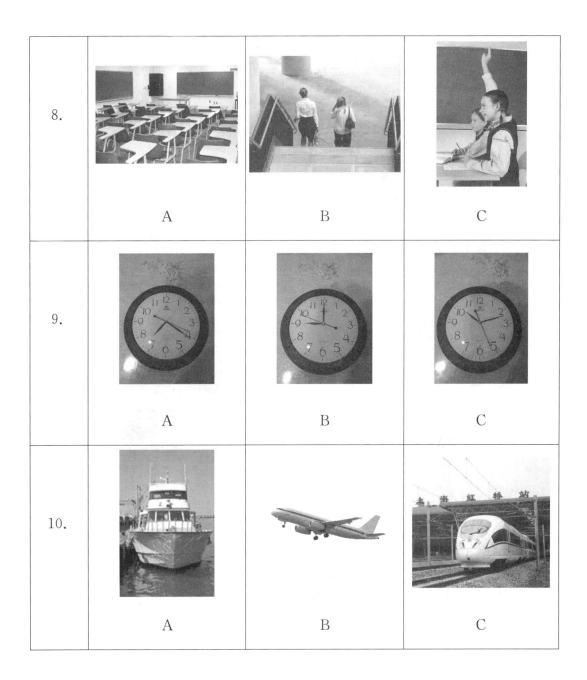

第 三 部 分

第 11-15 题

A

B

C

D

E

F

例如：女： Ní hǎo!
　　　　 你 好！

　　　男： Nǐ hǎo! Hěn gāoxìng rènshi nǐ!
　　　　 你 好！ 很 高兴 认识 你！　　　　　　　C

11.

12.

13.

14.

15.

第四部分

第 16-20 题

例如：
Xiàwǔ wǒ qù shāngdiàn, wǒ xiǎng mǎi yìxiē shuǐguǒ.
下午 我 去 商店， 我 想 买 一些 水果。

问： Tā xiàwǔ qù nǎli?
她 下午 去 哪里？

    A shāngdiàn 商店 ✓   B yīyuàn 医院   C xuéxiào 学校

16. A xīngqīwǔ 星期五   B xīngqīliù 星期六   C xīngqīrì 星期日

17. A hē chá 喝茶   B kàn shū 看书   C mǎi yǐzi 买 椅子

18. A fànguǎnr 饭馆儿   B jiāli 家里   C xuéxiào 学校

19. A 13 suì 岁   B 23 suì 岁   C 24 suì 岁

20. A cài 菜   B shuǐguǒ 水果   C mǐfàn 米饭

二、阅 读

第 一 部 分

第 21-25 题

例如：		diànshì 电视	×
		fēijī 飞机	✓
21.		bēizi 杯子	
22.		yīfu 衣服	
23.		shuì jiào 睡 觉	
24.		mǐfàn 米饭	
25.		lěng 冷	

第 二 部 分

第 26-30 题

A

B

C

D

E

F

例如： Wǒ hěn xǐhuan zhè běn shū.
我 很 喜欢 这 本 书。 E

26. Xiàwǔ wǒ hé érzi qù yīyuàn kàn yīshēng le.
下午 我 和 儿子 去 医院 看 医生 了。

27. Gōngzuò de shíhou, tā xǐhuan hē chá.
工作 的 时候，她 喜欢 喝 茶。

28. Wǒ kāi chē qù shāngdiàn mǎi dōngxi.
我 开 车 去 商店 买 东西。

29. Nǚ'ér jīntiān shí suì le.
女儿 今天 十 岁 了。

30. Xiàwǔ péngyoumen lái wǒ jiā xuéxí.
下午 朋友们 来 我 家 学习。

第三部分

第 31-35 题

例如： Nǐ hē shuǐ ma?
你 喝 水 吗？ **F**

A　Zàijiàn.
　再见。

31. Shàngwǔ nǐ qù nǎr le?
上午 你 去 哪儿 了？ ☐

B　Duìbuqǐ, wǒ bú huì xiě.
　对不起，我 不 会 写。

32. Qǐng zài zhèr xiě nǐ de Hànyǔ míngzi.
请 在 这儿 写 你 的 汉语 名字。 ☐

C　Xiàwǔ liù qī diǎn.
　下午 六 七 点。

33. Nǐ shénme shíhou néng lái?
你 什么 时候 能 来？ ☐

D　Yīyuàn.
　医院。

34. Wǒ xiǎng huí jiā le, míngtiān jiàn.
我 想 回家 了，明天 见。 ☐

E　kuài.
　39 块。

35. Zhè běn shū duōshao qián?
这 本 书 多少 钱？ ☐

F　Hǎo de, xièxie!
　好 的，谢谢！

第四部分

第 36-40 题

	rènshi		fēnzhōng		rè		míngzi		zěnmeyàng		bēizi
A	认识	B	分钟	C	热	D	名字	E	怎么样	F	杯子

例如：Nǐ jiào shénme
你 叫 什 么（ D ）?

36. Wáng xiānsheng hòumian de nà ge rén shì shéi? Nǐ ma?
王 先生 后面 的 那个 人 是 谁？你（　　）吗？

37. Jīntiān xià yǔ le, tiānqì bú tài
今天 下 雨 了，天气 不 太（　　）。

38. Zuò chūzūchē néng dào huǒchēzhàn.
坐 出租车 15（　　）能 到 火车站。

39. 女：Nǐ mǎi de zhè ge hěn piàoliang, xièxie nǐ.
你 买 的 这 个（　　）很 漂亮，谢谢 你。
男：Bú kèqi.
不 客气。

40. 男：Zhè ge fàndiàn de cài
这 个 饭店 的 菜（　　）？
女：Hěn hǎo, wǒ hé péngyou zuótiān shì zài zhèr chī de.
很 好，我 和 朋友 昨天 是 在 这儿 吃 的。

新汉语水平考试
HSK（一级）
全真模拟试题
（第4套）

注　意

一、HSK（一级）分两部分：

　　1. 听力（20题，约15分钟）

　　2. 阅读（20题，17分钟）

二、**听力结束后，有3分钟填写答题卡。**

三、全部考试约40分钟（含考生填写个人信息时间5分钟）。

中国　北京　　　　　　　××××/×××××××　　编制

一、听　力

第 一 部 分

第 1-5 题

例如：		✓
		✗
1.		
2.		
3.		
4.		
5.		

第 二 部 分

第 6-10 题

例如：	A ✓	B	C
6.	A	B	C
7.	A	B	C

第 三 部 分

第 11-15 题

A

B

C

D

E

F

例如：女： Nǐ hǎo!
　　　　你 好！

　　　男： Nǐ hǎo! Hěn gāoxìng rènshi nǐ!
　　　　　你 好！ 很 高兴 认识 你！　　　C

11.

12.

13.

14.

15.

第四部分

第 16-20 题

例如：
Xiàwǔ wǒ qù shāngdiàn, wǒ xiǎng mǎi yìxiē shuǐguǒ.
下午 我 去 商店， 我 想 买 一些 水果。

问：
Tā xiàwǔ qù nǎli?
她 下午 去 哪里？

  shāngdiàn   yīyuàn   xuéxiào
A 商店 ✓   B 医院   C 学校

16.   hěn duō   hěn hǎo   hěn piàoliang
   A 很 多   B 很 好   C 很 漂亮

17.   mǎi shū   chī fàn   qù xuéxiào
   A 买 书   B 吃 饭   C 去 学校

18.   xià xīngqīyī   xià xīngqī'èr   xià xīngqīsān
   A 下 星期一   B 下 星期二   C 下 星期三

19.   shíliù   èrshí   èrshíliù
   A 十六   B 二十   C 二十六

20.   A 5：08   B 8：05   C 8：50

二、阅 读

第一部分

第 21-25 题

例如：		diànshì 电视	×
		fēijī 飞机	✓
21.		tīng 听	
22.		hē chá 喝 茶	
23.		xiě 写	
24.		shuǐguǒ 水果	
25.		gāoxìng 高兴	

第二部分

第 26-30 题

A

B

C

D

E

F

Wǒ hěn xǐhuan zhè běn shū.
例如：我 很 喜欢 这 本 书。 　　E

Wáng yīshēng zài gōngzuò ne.
26. 王 医生 在 工作 呢。

Kāi chē de shíhou bù néng dǎ diànhuà.
27. 开 车 的 时候 不 能 打 电话。

Tāmen sān ge dōu shì wǒ de xuésheng.
28. 他们 三 个 都 是 我 的 学生。

Wǒ hěn ài wǒ de māma.
29. 我 很 爱 我 的 妈妈。

Míngtiān wǒ zuò fēijī qù kàn Zhāng xiānsheng.
30. 明天 我 坐 飞机 去 看 张 先生。

第三部分

第 31-35 题

例如：Nǐ hē shuǐ ma?
你 喝 水 吗？ [F]　　A　Dà de nà ge.
　　　　　　　　　　　　　大 的 那 个。

31. Nǐ huì xiě Hànzì ma?
你 会 写 汉字 吗？ [ ]　　B　Wáng lǎoshī.
　　　　　　　　　　　　　王 老师。

32. Nǎ ge diànnǎo shì nǐ de?
哪 个 电脑 是 你 的？ [ ]　　C　Wǒ jiào Zhāng Dōng.
　　　　　　　　　　　　　我 叫 张 东。

33. Xiàwǔ nǐ hé shéi qù shāngdiàn?
下午 你 和 谁 去 商店？ [ ]　　D　Yǒu hěn duō jiā.
　　　　　　　　　　　　　有 很 多 家。

34. Wǒ jiào Lǐ Wén, hěn gāoxìng rènshi nǐ.
我 叫 李 文，很 高兴 认识 你。 [ ]　　E　Huì xiě yìxiē.
　　　　　　　　　　　　　会 写 一些。

35. Xuéxiào qiánmian yǒu fànguǎnr ma?
学校 前面 有 饭馆儿 吗？ [ ]　　F　Hǎo de, xièxie!
　　　　　　　　　　　　　好 的，谢谢！

第四部分

第36-40题

A 没关系 B 后面 C 和 D 名字 E 看 F 冷

例如：你叫什么（ D ）？

36. 你说的那个学校在我家（ B ）。

37. 女儿（ E ）了50分钟电视，妈妈不高兴了。

38. 今天天气很（ F ），她没来学校。

39. 女：谢谢你（ C ）我去医院，我现在好多了。
    男：不客气。

40. 男：李小姐，对不起，我不能去买电脑了，家里来了个朋友。
    女：（ A ），那我们明天去。

新汉语水平考试
HSK（一级）
全真模拟试题
（第 5 套）

注　　意

一、HSK（一级）分两部分：

　　1. 听力（20 题，约 15 分钟）

　　2. 阅读（20 题，17 分钟）

二、听力结束后，有 3 分钟填写答题卡。

三、全部考试约 40 分钟（含考生填写个人信息时间 5 分钟）。

中国　北京　　　　　　　　××××/×××××××　　编制

一、听 力

第 一 部 分

第 1-5 题

例如：	(woman smiling)	✓
	(man on bench)	✗
1.	(high-heeled shoes)	
2.	(table)	
3.	(man on street)	
4.	(woman in hat)	
5.	(woman with plate)	

第二部分

第 6-10 题

例如：	A ✓	B	C
6.	A	B	C
7.	A	B	C

— 2 —

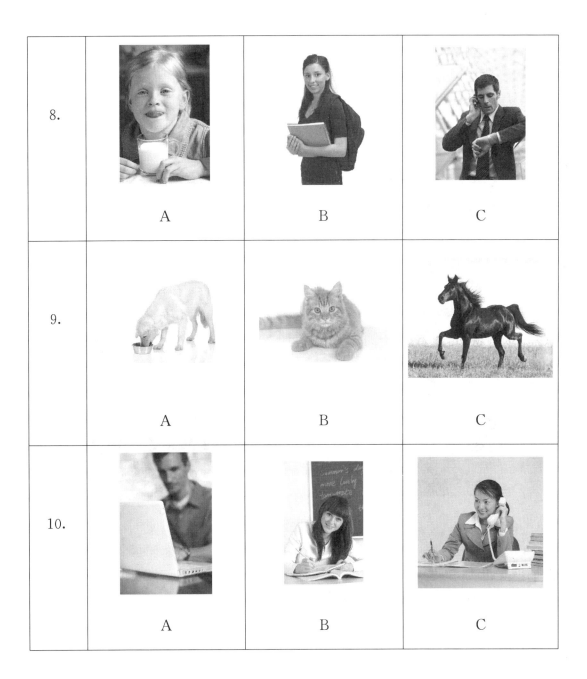

第 三 部 分

第 11-15 题

A

B

C

D

E

F

例如：女： Nǐ hǎo!
       你 好！

男： Nǐ hǎo! Hěn gāoxìng rènshi nǐ.
    你 好！ 很 高兴 认识 你。   C

11.
12.
13.
14.
15.

第四部分

第 16-20 题

例如：Xiàwǔ wǒ qù shāngdiàn, wǒ xiǎng mǎi yìxiē shuǐguǒ.
　　　下午 我 去 商店，我 想 买 一些 水果。

问：Tā xiàwǔ qù nǎli?
　　她 下午 去 哪里？

　　A shāngdiàn 商店 ✓　　　B yīyuàn 医院　　　C xuéxiào 学校

16. A shàng xīngqī 上 星期　　B zhè xīngqī 这 星期　　C xià xīngqī 下 星期

17. A kāi chē 开 车　　B zuò huǒchē 坐 火车　　C zuò chūzūchē 坐 出租车

18. A hěn hǎo 很 好　　B hěn lěng 很 冷　　C hěn rè 很 热

19. A yī 一　　B qī 七　　C shí 十

20. A diànshì 电视　　B diànnǎo 电脑　　C diànyǐng 电影

二、阅 读

第 一 部 分

第 21-25 题

例如：		diànshì 电视	×
		fēijī 飞机	√
21.		gōngzuò 工作	
22.		huǒchē 火车	
23.		érzi 儿子	
24.		shū 书	
25.		qián 钱	

第二部分

第 26-30 题

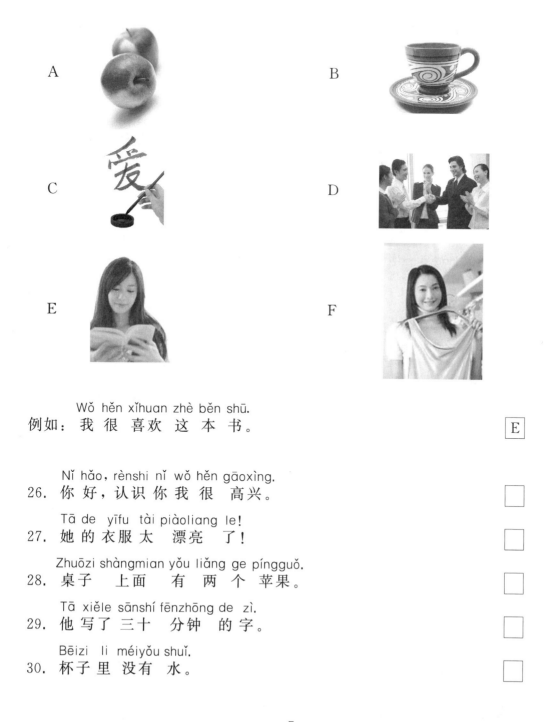

例如： Wǒ hěn xǐhuan zhè běn shū.
我 很 喜欢 这 本 书。   E

26. Nǐ hǎo, rènshi nǐ wǒ hěn gāoxìng.
你 好，认识 你 我 很 高兴。

27. Tā de yīfu tài piàoliang le!
她 的 衣服 太 漂亮 了！

28. Zhuōzi shàngmian yǒu liǎng ge píngguǒ.
桌子 上面 有 两 个 苹果。

29. Tā xiěle sānshí fēnzhōng de zì.
他 写了 三十 分钟 的 字。

30. Bēizi li méiyǒu shuǐ.
杯子 里 没有 水。

第三部分

第 31-35 题

例如：你喝水吗？ [F]

A 他现在不在。

31. 你下午能来吗？ [ ]

B 还没有。

32. 我写的字怎么样？ [ ]

C 下午三点的。

33. 他在学汉语吗？ [ ]

D 太漂亮了！

34. 你看什么时候的电影？ [ ]

E 我不能去了。

35. 喂，小钱在家吗？ [ ]

F 好的，谢谢！

第四部分

第36-40题

A 看 kàn　　B 再见 zàijiàn　　C 块 kuài　　D 名字 míngzi　　E 学习 xuéxí　　F 菜 cài

例如：你 叫 什么 （ D ）？
Nǐ jiào shénme

36. 儿子 今天 回家 吃饭，我 去 买 （　　）。
Érzi jīntiān huí jiā chī fàn, wǒ qù mǎi

37. 我 想 明年 去 中国 （　　）。
Wǒ xiǎng míngnián qù Zhōngguó

38. 桌子 上 的 书 我 都 （　　）了。
Zhuōzi shang de shū wǒ dōu　　le.

39. 女：这些 衣服 多少 钱？
Zhèxiē yīfu duōshao qián?
男：五百 （　　），谢谢！
Wǔbǎi ,xièxie!

40. 男：八 点 了，我 回家 了，明天 再来。
Bā diǎn le, wǒ huí jiā le, míngtiān zài lái.
女：（　　）。

新汉语水平考试
HSK（一级）
全真模拟试题
（第6套）

注　意

一、HSK（一级）分两部分：

　　1. 听力（20题，约15分钟）

　　2. 阅读（20题，17分钟）

二、听力结束后，有3分钟填写答题卡。

三、全部考试约40分钟（含考生填写个人信息时间5分钟）。

中国　北京　　　　　　　××××/×××××××　　编制

一、听 力

第 一 部 分

第 1-5 题

例如：		✓
		×
1.		
2.		
3.		
4.		
5.		

第二部分

第 6-10 题

例如：	A ✓	B	C
6.	A	B	C
7.	A	B	C

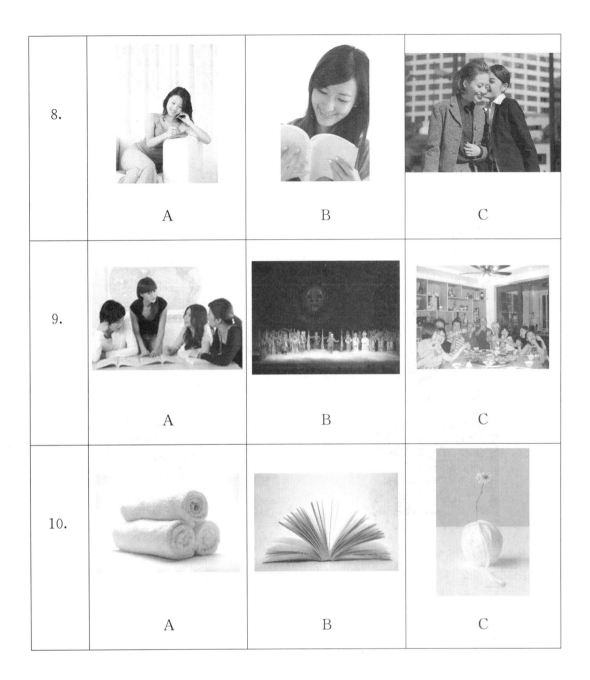

第 三 部 分

第 11-15 题

A B
C D
E F

例如：女： Nǐ hǎo!
　　　　你 好！

　　　男： Nǐ hǎo! Hěn gāoxìng rènshi nǐ!
　　　　你 好！ 很 高兴 认识 你！　　　　C

11.

12.

13.

14.

15.

— 4 —

第四部分

第 16-20 题

例如：
Xiàwǔ wǒ qù shāngdiàn, wǒ xiǎng mǎi yìxiē shuǐguǒ.
下午我去 商店， 我 想 买 一些 水果。

问：
Tā xiàwǔ qù nǎli?
她 下午去 哪里？

shāngdiàn A 商店 ✓	yīyuàn B 医院	xuéxiào C 学校

16. A 四 (sì)　　B 十四 (shísì)　　C 十七 (shíqī)

17. A 很 小 (hěn xiǎo)　　B 漂亮 (piàoliang)　　C 人 多 (rén duō)

18. A 杯子 (bēizi)　　B 书 (shū)　　C 电脑 (diànnǎo)

19. A 三 点 (sān diǎn)　　B 六 点 (liù diǎn)　　C 九 点 (jiǔ diǎn)

20. A 爸爸 (bàba)　　B 医生 (yīshēng)　　C 老师 (lǎoshī)

二、阅 读

第 一 部 分

第 21-25 题

例如：		diànshì 电视	×
		fēijī 飞机	✓
21.		xuésheng 学生	
22.		kāi 开	
23.		zài xuéxiào 在 学校	
24.		mǎi 买	
25.		shuǐ 水	

第二部分

第 26-30 题

A

B

C

D

E

F

例如： Wǒ hěn xǐhuan zhè běn shū.
我 很 喜欢 这 本 书。   E

26. Tā zuò zài chē shang.
    她 坐 在 车 上。   ☐

27. Wáng yīshēng, zhè shì wǒ de nǚ'ér.
    王 医生，这 是 我 的 女儿。   ☐

28. Chá hěn rè, xiànzài bù néng hē.
    茶 很 热，现在 不 能 喝。   ☐

29. Duìbuqǐ, wǒ bú huì xiě zhè ge zì.
    对不起，我 不 会 写 这 个 字。   ☐

30. Tā de érzi jīnnián sì suì le.
    她 的 儿子 今年 四 岁 了。   ☐

第三部分

第 31-35 题

例如：Nǐ hē shuǐ ma? 你喝水吗？ [F]

A Shàng ge yuè. 上个月。

31. Érzi qù nǎr le? 儿子去哪儿了？ [ ]

B Bú tài lěng. 不太冷。

32. Nǐ xiǎng hé shéi qù Běijīng? 你想和谁去北京？ [ ]

C Bāshí kuài. 八十块。

33. Míngtiān tiānqì zěnmeyàng? 明天天气怎么样？ [ ]

D Hé péngyou. 和朋友。

34. Tā shì shénme shíhou lái de? 她是什么时候来的？ [ ]

E Qù xuéxiào le. 去学校了。

35. Zhèxiē dōngxi duōshao qián? 这些东西多少钱？ [ ]

F Hǎo de, xièxie! 好的，谢谢！

第四部分

第 36-40 题

A 听 tīng B 对不起 duìbuqǐ C 本 běn D 名字 míngzi E 工作 gōngzuò F 电影 diànyǐng

例如：你叫什么（ D ）？ Nǐ jiào shénme

36. 那个（　）很好，我想明天去看。 Nà ge hěn hǎo, wǒ xiǎng míngtiān qù kàn.

37. 他没在（　）我说话。 Tā méi zài wǒ shuō huà.

38. 他妈妈是老师，星期天不（　）。 Tā māma shì lǎoshī, xīngqītiān bù

39. 男：这儿不能打电话。 Zhèr bù néng dǎ diànhuà.
    女：（　），我不打了。 , wǒ bù dǎ le.

40. 女：那（　）书你买了吗？ Nà shū nǐ mǎi le ma?
    男：买了，我很喜欢。 Mǎi le, wǒ hěn xǐhuan.

新汉语水平考试
HSK(一级)
全真模拟试题
(第7套)

注　意

一、HSK(一级)分两部分：

1. 听力(20题，约15分钟)

2. 阅读(20题，17分钟)

二、听力结束后，有3分钟填写答题卡。

三、全部考试约40分钟(含考生填写个人信息时间5分钟)。

中国　北京　　　　　　　　ⅩⅩⅩⅩ/ⅩⅩⅩⅩⅩⅩⅩ　编制

一、听　力

第 一 部 分

第 1-5 题

例如：		✓
		✗
1.		
2.		
3.		
4.		
5.		

第 二 部 分

第 6-10 题

例如：	A ✓	B	C
6.	A	B	C
7.	A	B	C

第 三 部 分

第 11-15 题

A　　　　　　　　　　　　　B

C　　　　　　　　　　　　　D

E　　　　　　　　　　　　　F

例如：女：Nǐ hǎo!
　　　　你 好！

　　　男：Nǐ hǎo! Hěn gāoxìng rènshi nǐ!
　　　　你 好！很 高兴 认识 你！　　　　C

11.
12.
13.
14.
15.

— 4 —

第 四 部 分

第 16-20 题

例如：
Xiàwǔ wǒ qù shāngdiàn, wǒ xiǎng mǎi yìxiē shuǐguǒ.
下午 我 去 商店， 我 想 买 一些 水果。

问： Tā xiàwǔ qù nǎli?
她 下午 去 哪里？

  A shāngdiàn 商店 ✓　　B yīyuàn 医院　　C xuéxiào 学校

16. A sì nián 四年　　B qī nián 七年　　C shí nián 十年

17. A chēzhàn 车站　　B fàndiàn 饭店　　C yīyuàn 医院

18. A kāi chē 开车　　B xué diànnǎo 学 电脑　　C huí Zhōngguó 回 中国

19. A bù hē shuǐ 不喝水　　B méi chī fàn 没吃饭　　C tài lěng le 太 冷 了

20. A māma 妈妈　　B lǎoshī 老师　　C tóngxué 同学

二、阅 读

第 一 部 分

第 21-25 题

例如：	[图：笔记本电脑]	diànshì 电视	✕
	[图：飞机]	fēijī 飞机	✓
21.	[图]	xuéxí 学习	
22.	[图]	xiānsheng 先生	
23.	[图]	tóngxué 同学	
24.	[图]	shāngdiàn 商店	
25.	[图]	kàn 看	

第二部分

第 26-30 题

A

B

C

D

E

F

例如：Wǒ hěn xǐhuan zhè běn shū.
我 很 喜欢 这 本 书。   E

26. Wǒmen xǐhuan kàn diànshì de shíhou chī dōngxi.
    我们 喜欢 看 电视 的 时候 吃 东西。

27. Zhuōzi shang yǒu mǐfàn hé cài.
    桌子 上 有 米饭 和 菜。

28. Wǒ de xiǎoxué tóngxué xiànzài shì lǎoshī le.
    我 的 小学 同学 现在 是 老师 了。

29. Xīngqītiān tā yí ge rén qù xuéxiào le.
    星期天 她 一 个 人 去 学校 了。

30. Huǒchēzhàn jīntiān rén bù duō.
    火车站 今天 人 不 多。

第三部分

第 31-35 题

例如：Nǐ hē shuǐ ma?
你 喝 水 吗？ [F]　　A　Wǒ néng.
　　　　　　　　　　　　 我 能。

31. Zhèxiē zì nǐ néng bu néng kànjiàn?
　 这些 字 你 能 不 能 看见？ [　]　　B　Wǒ bú rènshi.
　　　　　　　　　　　　　　　　　　　　我 不 认识。

32. Nǐ jiā zhù zài jǐ hào?
　 你 家 住 在 几 号？ [　]　　C　Zài shāngdiàn mǎi de.
　　　　　　　　　　　　　　　　 在 商店 买 的。

33. Nà ge rén shì shéi?
　 那 个 人 是 谁？ [　]　　D　Wǒ zài zuò fàn ne.
　　　　　　　　　　　　　　　　我 在 做 饭 呢。

34. Wèi, nǐ xiànzài zài zuò shénme ne?
　 喂，你 现在 在 做 什么 呢？ [　]　　E　28 hào.
　　　　　　　　　　　　　　　　　　　　28 号。

35. Zhè shì zài nǎr mǎi de?
　 这 是 在 哪儿 买 的？ [　]　　F　Hǎo de, xièxie!
　　　　　　　　　　　　　　　　　　好 的，谢谢！

第四部分

第36-40题

	hòumian		dōu		fēnzhōng		míngzi		zhù		shuǐguǒ
A	后面	B	都	C	分钟	D	名字	E	住	F	水果

Nǐ jiào shénme
例如：你 叫 什么 （ D ）？

Huǒchēzhàn　　　　yǒu yí ge hěn dà de fàndiàn.
36. 火车站 （ 　 ） 有 一 个 很 大 的 饭店。

　　　　yì tiān chī yí ge, bù néng duō chī.
37. （ 　 ） 一 天 吃 一 个，不 能 多 吃。

Wǒ xǐhuan zhōngwǔ shuì sānshí　　　jiào.
38. 我 喜欢 中午 睡 三十 （ 　 ） 觉。

Tā shì shénme shíhou huílai de?
39. 男：她 是 什么 时候 回来 的？
　　Zuótiān. Zhè ge xīngqī tā xiǎng　　　zài jiāli.
　　女：昨天。这 个 星期 她 想 （ 　 ） 在 家里。

Nǐ de xuésheng　　　xǐhuan nǐ.
40. 女：你 的 学生 （ 　 ） 喜欢 你。
　　Shì ma? Wǒ hěn gāoxìng.
　　男：是 吗？我 很 高兴。

新汉语水平考试
HSK（一级）
全真模拟试题
（第8套）

注　意

一、HSK（一级）分两部分：

　　1. 听力（20题，约15分钟）

　　2. 阅读（20题，17分钟）

二、听力结束后，有3分钟填写答题卡。

三、全部考试约40分钟（含考生填写个人信息时间5分钟）。

中国　北京　　　　　　　　ⅩⅩⅩⅩ/ⅩⅩⅩⅩⅩⅩⅩ　编制

一、听 力

第 一 部 分

第1-5题

例如：	(照片：女士微笑)	√
	(照片：男士坐长椅读报)	×
1.	2011	
2.	(照片：戴围巾的女孩)	
3.	(照片：在吃饭)	
4.	(图片：10元人民币)	
5.	(照片：飞机)	

— 1 —

第 二 部 分

第 6-10 题

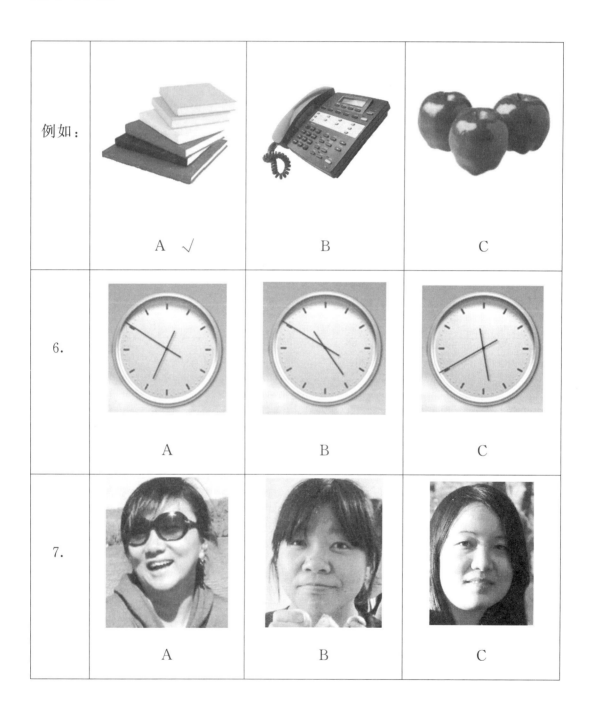

第三部分

第 11-15 题

A   B

C   D

E   F

例如：女： Nǐ hǎo!
      你 好！

男： Nǐ hǎo! Hěn gāoxìng rènshi nǐ.
     你 好！很 高兴 认识 你。   C

11.

12.

13.

14.

15.

— 4 —

第 四 部 分

第 16-20 题

例如：
Xiàwǔ wǒ qù shāngdiàn, wǒ xiǎng mǎi yìxiē shuǐguǒ.
下午 我 去 商店， 我 想 买 一些 水果。

问：
Tā xiàwǔ qù nǎli?
她 下午 去 哪里？

A　shāngdiàn 商店 ✓　　B　yīyuàn 医院　　C　xuéxiào 学校

16. A　sān liù èr jiǔ 三 六 二 九　　B　sān jiǔ èr liù 三 九 二 六　　C　jiǔ èr liù sān 九 二 六 三

17. A　jiǔyuè qī rì 九 月 七 日　　B　jiǔ diǎn shíqī fēn 九 点 十七 分　　C　jiǔ diǎn líng qī fēn 九 点 零 七 分

18. A　Zhōngguó 中国　　B　fànguǎnr 饭馆儿　　C　Běijīng 北京

19. A　wǒ 我　　B　péngyou 朋友　　C　péngyou de nǚ'ér 朋友 的 女儿

20. A　míngtiān 明天　　B　xīngqīyī 星期一　　C　xià xīngqīyī 下 星期一

二、阅 读

第一部分

第 21-25 题

例如：		diànshì 电视	×
		fēijī 飞机	✓
21.		yǐzi 椅子	
22.		yīyuàn 医院	
23.		chī fàn 吃饭	
24.		xiǎo gǒu 小 狗	
25.		chūzūchē 出租车	

第二部分

第 26-30 题

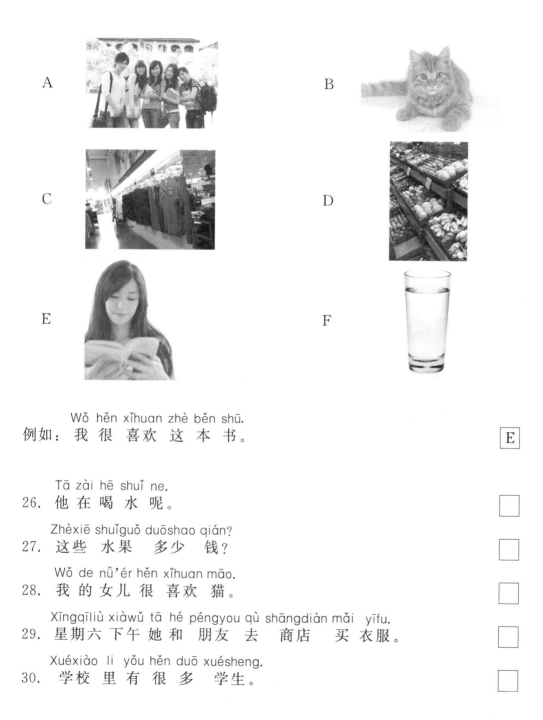

例如：我 很 喜欢 这 本 书。　　　　　　 E

26. 他 在 喝 水 呢。

27. 这些 水果 多少 钱？

28. 我 的 女儿 很 喜欢 猫。

29. 星期六 下午 她 和 朋友 去 商店 买 衣服。

30. 学校 里 有 很 多 学生。

第三部分

第 31-35 题

例如：Nǐ hē shuǐ ma? 你 喝 水 吗？ **F**　　A Hěn hǎo. 很 好。

31. Nǐ shénme shíhou qù Běijīng? 你 什么 时候 去 北京？ □　　B Bú kèqi! 不 客气！

32. Xièxie nǐ zuótiān lái kàn wǒ. 谢谢 你 昨天 来 看 我。 □　　C Zhōngguócài. 中国菜。

33. Nǐ érzi Hànyǔ zěnmeyàng? 你 儿子 汉语 怎么样？ □　　D Zhāng Tiānyǔ. 张 天雨。

34. Nà ge nán yīshēng jiào shénme míngzi? 那 个 男 医生 叫 什么 名字？ □　　E Xià ge yuè. 下 个 月。

35. Nǐ xǐhuan chī shénme cài? 你 喜欢 吃 什么 菜？ □　　F Hǎo de, xièxie! 好 的，谢谢！

第四部分

第36-40题

A 小时（xiǎoshí）　B 怎么（zěnme）　C 高兴（gāoxìng）　D 名字（míngzi）　E 买（mǎi）　F 明天（míngtiān）

例如：你叫什么（ D ）？

36. 女：坐火车几个（　　）能到上海？
    男：我上个月去了上海，五个小时。

37. 女：我（　　）了苹果，你想吃一个吗？
    男：我很喜欢吃苹果，谢谢！

38. 我哥哥打电话说他（　　）回家。

39. 老师，这个汉字（　　）写？

40. 我女儿会说"妈妈"了！我好（　　）！

新汉语水平考试
HSK（一级）
全真模拟试题
（第9套）

注　　意

一、HSK（一级）分两部分：

　　1. 听力（20题，约15分钟）

　　2. 阅读（20题，17分钟）

二、听力结束后，有3分钟填写答题卡。

三、全部考试约40分钟（含考生填写个人信息时间5分钟）。

中国　北京　　　　　　　　××××/×××××××　编制

一、听 力

第 一 部 分

第1-5题

例如:	[图:微笑的女士]	✓
	[图:坐长椅读报男士]	✗
1.	[图:花]	
2.	[图:拉行李箱的人]	
3.	[图:钟表]	
4.	[图:母女与男士]	
5.	[图:女士]	

第 二 部 分

第 6-10 题

例如：	A ✓	B	C
6.	A	B	C
7.	A	B	C

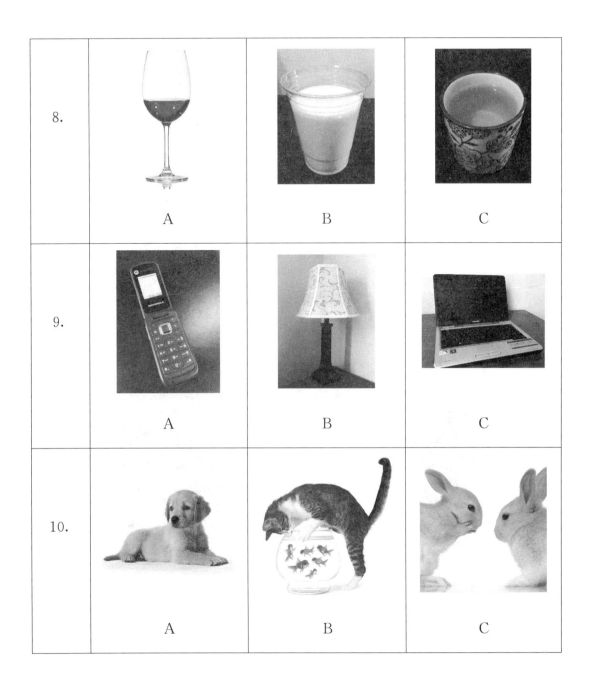

第三部分

第 11-15 题

A   B   C   D   E   F

例如：女： Nǐ hǎo!
          你 好！

     男： Nǐ hǎo! Hěn gāoxìng rènshi nǐ.
          你 好！很 高兴 认识 你。   C

11.
12.
13.
14.
15.

第 四 部 分

第 16-20 题

例如：
Xiàwǔ wǒ qù shāngdiàn, wǒ xiǎng mǎi yìxiē shuǐguǒ.
下午 我 去 商店， 我 想 买 一些 水果。

问：
Tā xiàwǔ qù nǎli?
她 下午 去 哪里？

A shāngdiàn 商店 ✓　　　B yīyuàn 医院　　　C xuéxiào 学校

16. A 10 suì 岁　　　B 5 suì 岁　　　C 9 suì 岁

17. A fànguǎnr 饭馆儿　　　B huǒchēzhàn 火车站　　　C yīyuàn 医院

18. A shuǐguǒ 水果　　　B mǐfàn 米饭　　　C bēizi 杯子

19. A 2000 nián 年　　　B 1998 nián 年　　　C 2008 nián 年

20. A tài hǎo le 太好了　　　B tài duō le 太多了　　　C tài shǎo le 太少了

二、阅 读

第 一 部 分

第 21-25 题

例如：		diànshì 电视	×
		fēijī 飞机	✓
21.		shàng 上	
22.		shuǐ 水	
23.		xuéxiào 学校	
24.		yīfu 衣服	
25.		dú shū 读 书	

第二部分

第 26-30 题

A

B

C

D

E

F

Wǒ hěn xǐhuan zhè běn shū.
例如：我 很 喜欢 这 本 书。　　　　　E

Wáng lǎoshī jiā de xiǎo māo hěn piàoliang.
26. 王 老师 家 的 小 猫 很 漂亮。

Lǎo Lǐ zài yīyuàn ne, méiyǒu qù kàn diànyǐng.
27. 老 李 在 医院 呢，没有 去 看 电影。

　　diǎn le, zhāng xiǎojiě lái le ma?
28. 10 点 了，张 小姐 来 了 吗？

Zhè shì wǒ māma, tā zài bàba hòumian.
29. 这 是 我 妈妈，她 在 爸爸 后面。

Érzi xuéxí hěn hǎo, lǎoshī hěn xǐhuan tā.
30. 儿子 学习 很 好，老师 很 喜欢 他。

第三部分

第 31-35 题

例如：你 喝 水 吗？ Nǐ hē shuǐ ma? [F]

A 有, 很 多。 Yǒu, hěn duō.

31. 对不起。 Duìbuqǐ. [ ]

B 是 张 先生 的。 Shì Zhāng xiānsheng de.

32. 明天 天气 怎么样？ Míngtiān tiānqì zěnmeyàng? [ ]

C 我 喜欢 苹果。 Wǒ xǐhuan píngguǒ.

33. 你 喜欢 什么 水果？ Nǐ xǐhuan shénme shuǐguǒ? [ ]

D 不 太 好。 Bú tài hǎo.

34. 你 电脑 里 有 电影 吗？ Nǐ diànnǎo li yǒu diànyǐng ma? [ ]

E 没 关系。 Méi guānxi.

35. 这 是 谁 的 东西？ Zhè shì shéi de dōngxi? [ ]

F 好 的, 谢谢！ Hǎo de, xièxie!

第四部分

第36-40题

A 喂 wèi   B 多少 duōshao   C 国 guó   D 名字 míngzi   E 爱 ài   F 开 kāi

例如：你 叫 什么（ D ）？
Nǐ jiào shénme

36. 我（　）我 的 爸爸 妈妈。
Wǒ　　　wǒ de bàba māma.

37. 他 是（　）出租车 的。
Tā shì　　chūzūchē de.

38. （　），你 好，王 云 在 家 吗？
　　nǐ hǎo, Wáng Yún zài jiā ma?

39. 女：你 是 哪（　）人？
Nǐ shì nǎ　　rén?
男：我 是 新加坡人。
Wǒ shì Xīnjiāpōrén.

40. 男：这 本 书（　）钱？
Zhè běn shū　　qián?
女：38 块 钱。
kuài qián.

新汉语水平考试
HSK(一级)
全真模拟试题
(第10套)

注　意

一、HSK（一级）分两部分：

　　1. 听力（20题，约15分钟）

　　2. 阅读（20题，17分钟）

二、听力结束后，有3分钟填写答题卡。

三、全部考试约40分钟（含考生填写个人信息时间5分钟）。

中国　北京　　　　　　　　　××××/×××××××　编制

一、听 力

第一部分

第1-5题

例如:		✓
		×
1.		
2.		
3.		
4.		
5.		

第二部分

第 6-10 题

例如：	A ✓	B	C
6.	A	B	C
7.	A	B	C

— 2 —

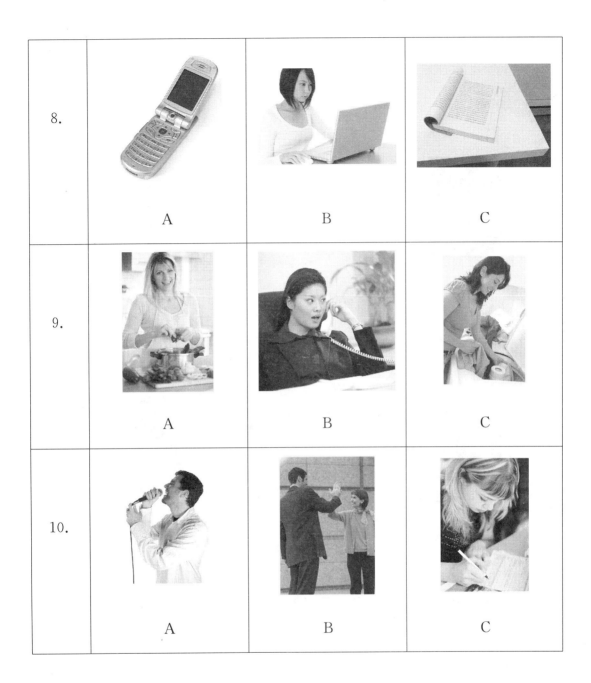

第 三 部 分

第 11-15 题

A B

C D

E F

例如：女：Nǐ hǎo!
　　　　你 好！

　　　男：Nǐ hǎo! Hěn gāoxìng rènshi nǐ.
　　　　你 好！很 高兴 认识 你。 [C]

11. ☐

12. ☐

13. ☐

14. ☐

15. ☐

第 四 部 分

第 16-20 题

例如：
Xiàwǔ wǒ qù shāngdiàn, wǒ xiǎng mǎi yìxiē shuǐguǒ.
下午 我 去 商店， 我 想 买 一些 水果。

问：
Tā xiàwǔ qù nǎli?
她 下午 去 哪里？

A　shāngdiàn 商店 ✓　　B　yīyuàn 医院　　C　xuéxiào 学校

16. A　sān ge yuè 三 个 月　　B　liǎng ge yuè 两 个 月　　C　liù ge yuè 六 个 月

17. A　qù xuéxiào 去 学校　　B　qù fànguǎnr 去 饭馆儿　　C　mǎi shuǐguǒ 买 水果

18. A　xīngqīwǔ 星期五　　B　xīngqīliù 星期六　　C　xīngqīsì 星期四

19. A　2 ge 个　　B　1 ge 个　　C　3 ge 个

20. A　bàba 爸爸　　B　māma 妈妈　　C　péngyou 朋友

二、阅 读

第 一 部 分

第 21-25 题

例如：		diànshì 电视	×
		fēijī 飞机	√
21.		kàn shū 看 书	
22.		lǎoshī 老 师	
23.		māo 猫	
24.		lěng 冷	
25.		fànguǎnr 饭馆儿	

第二部分

第 26-30 题

A
B
C
D
E
F

　　　　Wǒ hěn xǐhuan zhè běn shū.
例如：我 很 喜欢 这 本 书。　　　　　E

　　　Tā zài dǎ diànhuà.
26. 她 在 打 电话。

　　　Nǐ rènshi zhè liǎng ge zì ma?
27. 你 认识 这 两 个 字 吗？

　　　Bàba māma dōu zài Běijīng gōngzuò, tāmen dōu shì yīshēng.
28. 爸爸 妈妈 都 在 北京 工作，他们 都 是 医生。

　　　Wǒ xiǎng hē diǎnr shuǐ.
29. 我 想 喝 点儿 水。

　　　Wǒ shì zài nà ge xuéxiào xué de Hànyǔ.
30. 我 是 在 那 个 学校 学 的 汉语。

第三部分

第 31-35 题

例如：你 喝 水 吗？　　[F]　　A　我们 这儿 很 冷。

31. 你们 那儿 天气 怎么样？　　[ ]　　B　太 好 了。

32. 哪儿 能 买 水果？　　[ ]　　C　小 的 那个。

33. 坐 在 车 里 的 那个 人 是 谁？　　[ ]　　D　是 爸爸 的 朋友。

34. 我 妈妈 下个 月 来 中国 看 我。　　[ ]　　E　学校 前面 的 商店。

35. 哪个 杯子 是 你 的？　　[ ]　　F　好 的，谢谢！

第四部分

第36-40题

	zhuōzi		shuì jiào		fēnzhōng		míngzi		xièxie		xǐhuan
A	桌子	B	睡觉	C	分钟	D	名字	E	谢谢	F	喜欢

        Nǐ jiào shénme
例如：你 叫 什么 （ D ）？

    Zuò fēijī   néng dào Běijīng.
36. 坐 飞机 50 （ ） 能 到 北京。

    Hěn duō rén   chī Zhōngguócài.
37. 很 多 人 （ ） 吃 中国菜。

       nǐ lái Běijīng kàn wǒ.
38. （ ） 你 来 北京 看 我。

     Nǐ kànjiàn wǒ de Hànyǔshū le ma?
39. 女：你 看见 我 的 汉语书 了 吗？
     Zài   shang.
    男：在 （ ） 上。

     Nǐ měi tiān jǐ diǎn
40. 男：你 每 天 几 点 （ ）？
     Wǎnshang diǎn.
    女： 晚上 10点。